ROLF FREITAG
Neptun und Uranus in der Horoskopdeutung

astronova Sonderausgabe

ROLF FREITAG

Neptun und Uranus in der Horoskopdeutung

Die beiden Schalter für die Balance des gesunden Lebens

ISBN 978-3-937077-52-9
© astronova Tübingen, 2011

Umschlag: Judith Hamann
Bild © istockphoto.com

Druck: SDL, Berlin

Zu beziehen im Buchhandel oder über:
astronova , Postfach 1250, D-72002 Tübingen
www.astronova.com

Inhalt

Vorwort 7

Teil 1: Meine Konzeption 10

Die wichtigsten Unterschiede 10
Fische - Energie (Neptun / 12. Haus / Priapus) 13
Wassermann - Energie (Uranus / 11. Haus / Lilith) 14
Der Tierkreis als Yang-Yin-Schwingung 15
Polaritäten 18
   Beispiele für Irrtümer bei Energieverbindungen 22
Die astrologischen Grundenergien 25
Die Was-Wie-Wo-Regel 26
   Planeten 27
   Zeichen 27
   Häuser 28
   Das Astrologische Alphabet 28
Die Mondknotenachse, Lilith und Priapus 29
   Die Mondknotenachse 29
   Lilith und Priapus 32
Stolperfallen der Astrologie 33
   Irrtümer bei den Grundenergien 33
   Stolperfalle 1: Die Mythologie 34
   Stolperfalle 2: Historische Ereignisse 39
   Stolperfalle 3: Das eigene Horoskop 41
Die zentrale Bedeutung von Neptun und Uranus 43
Ist Astrologie beweisbar? 56
   Die Bedeutung von Neptun und Uranus für eine genaue
   Interpretation 56

Teil 2: Interpretationsbeispiele 63

Der Dalai Lama 63
   Das Horoskop des Dalai Lama 65
Johann Wolfgang von Goethe 70

Das Horoskop von Goethe.. 74
Herbert Grönemeyer... *80*
Das Horoskop von Herbert Grönemeyer 83
Che Guevara... *88*
Das Horoskop von Che Guevara 91
Martin Luther *98*
Das Horoskop von Martin Luther 102
Madonna *113*
Das Horoskop von Madonna 117
Karl Marx.. *122*
Das Horoskop von Karl Marx 125
Ulrike Meinhof.. *131*
Das Horoskop von Ulrike Meinhof 134
Elvis Presley.. *141*
Das Horoskop von Elvis Presley.. 143
Alice Schwarzer... *150*
Das Horoskop von Alice Schwarzer....................................... 152
Über den Autor *157*

Vorwort

Kann die Astrologie Charakterstrukturen im Horoskop aufzeigen? Meine Antwort ist eindeutig: Ja, das ist möglich. Persönlichkeitsmuster wie Opferhaltung, Helfersyndrom, Dispositionen zur Gewalt oder zum Narzissmus finden im Horoskop ihre Entsprechung. Mit dem vorliegenden Buch will ich diese Behauptung belegen.

Ich habe für meine kleinen Charakterstudien Personen aus Religion und Show-Geschäft, aber auch Rebellen, Reformer sowie Ideologen der Vergangenheit und Gegenwart ausgewählt. Die besprochenen Personen sind in der Regel Menschen mit Ecken und Kanten. Ihre ungewöhnliche Veranlagung, die sie in ihre prominente Stellung gebracht hat, lässt das auch gar nicht anders erwarten. An ihrem Beispiel kann man aber sehr gut die Aussagekraft eines Horoskops studieren.

Aus diesem Grund werden die angeführten Interpretationsbeispiele hoffentlich deutlich machen, wie genau die Astrologie Persönlichkeitsmerkmale beschreiben kann. Ich bin davon überzeugt, dass sich meine Deutungsmuster auf beliebig viele andere Personen übertragen lassen und sogar in statistischen Untersuchungen wissenschaftlich nachprüfbar sind.

Im Buch bin ich folgendermaßen vorgegangen: Vor jeder Horoskopdeutung werden zunächst die wichtigsten Fakten der Biographie angeführt. Erst danach beginne ich mit der Deutung des Horoskops. Es handelt sich also bei den Interpretationen um eine Metagnose (Biographiearbeit), die sich allerdings allein auf das Radix-Horoskop bezieht.

Um die Deutung der Horoskope gut nachvollziehen zu können, wäre es sicher nützlich, wenn die Leserinnen oder Leser astrologische Grundkenntnisse besitzen. Meine Interpretationsmethode bietet darüber hinaus einige Besonderheiten, die ich in einem theoretischen Teil, der dem praktischen vorangestellt ist, erklärt habe.

Hier sei zunächst nur Folgendes gesagt: Ich bin ein Vertreter der Psychologischen Astrologie und habe die Überzeugung, dass die Astrologie auf psychologische Strukturen zurückgreifen muss, um ein Horoskop sinnvoll interpretieren zu können. Die im Horoskop aufgezeichneten Energie-Verbindungen dürfen meiner Meinung nach nicht isoliert für sich gedeutet, sondern müssen in einen größeren Zusammenhang eingebettet werden.

Für diesen Zweck verwende ich Konzepte der Transaktionsanalyse. Sie unterscheidet fünf sogenannte Ich-Zustände (angepasstes Kind-Ich, freies Kind-Ich, fürsorgliches Eltern-Ich, kritisches Eltern-Ich und Erwachsenen-Ich) bzw. vier neurotische Lebensrollen (Opfer, Retter, Verfolger und Chaot), die den negativen Ich-Zuständen zugeordnet werden können. Hinter diesen Übertreibungen stehen als gesunder Kern die vier Lebensgrundeinstellungen (Anpassung, Hilfe, Zielstrebigkeit und Erfindung). Zu ihnen soll sich der Horoskopeigner hin entwickeln. Das Erwachsenen-Ich (die Sachlichkeit) hat dabei die Aufgabe, die gesunden Lebensgrundeinstellungen in sich aufzunehmen und wird insofern von der Transaktionsanalyse auch als „Integriertes Erwachsenen-Ich" bezeichnet. Im theoretischen 1. Teil meines Buches habe ich erklärt, durch welche Energieverbindungen im Horoskop diese Rollen bzw. Lebensgrundeinstellungen konstituiert werden.

Um ein Horoskop *strukturiert* interpretieren zu können, muss man die beiden Schalter, mit denen eine solche Strukturierung bewerkstelligt wird, nämlich Neptun (Fische, 12. Haus, Priapus) und Uranus (Wassermann, 11. Haus, Lilith), in ihrer Gegensätzlichkeit verstanden haben. Die Fische-Energie wird von den Astrologen durchweg richtig beschrieben. Die Wassermann-Energie leider nicht. Hier werden gern soziale Begriffe verwendet, die einfach nicht stimmig sind. Wassermann ist die Energie der Freiheit, aber nicht die der Gleichheit und der Brüderlichkeit. Auch nicht die der Humanität, der Toleranz und der Menschenfreundlichkeit. Sie ist die Energie der sozialen Distanz. Gleichheit und Brüderlichkeit, aber auch Humanität, Toleranz und Menschenfreundlichkeit, gehören zur Fische-Energie. Ich habe in einer kurzen Übersicht zu Beginn des theoretischen Teils beide Energien kurz erklärt, damit der Leser ihre grundlegende Verschiedenheit verstehen lernt.

Bei der Interpretation der Horoskope im praktischen Teil meines Buches kam es mir nicht auf eine vollständige Beschreibung der jeweiligen Persönlichkeit an. Ohnehin konnte ich mich nur auf die aus der Biographie bekannten Fakten stützen, die im Allgemeinen das Privatleben ausklammern. Die Horoskopdeutungen sind also kurz angelegt, aber sie sollen dennoch die *Strukturierung* des Horoskops deutlich machen. Jede einzelne psychologische Deutung wird dabei von mir sofort mit der entsprechenden Konstellation im Horoskop begründet, und es wird dabei immer auf die übergeordneten Rollenmuster bzw. Lebensgrundeinstellungen hingewiesen.

Eine besondere Bedeutung spielen die sogenannten verdeckten Rollen (Differenzierungen), die ich im Kapitel *Die zentrale Bedeutung von Neptun und Uranus* näher beschrieben habe. Sie geben der Horoskopdeutung erst die Genauigkeit, die auch für eine Beratung unbedingt erforderlich ist. Bei den Interpretationen habe ich immer (in Klammern) darauf hingewiesen, wenn Energie-Verbindungen als „Differenzierungen" einer Rolle oder einer Lebensgrundeinstellung gedeutet wurden.

Ich hoffe, dass mein Buch auch denjenigen gute Dienste leistet, die die Astrologie ernsthaft studieren. Sie können hier an einigen Beispielen ganz praktisch lernen, wie man ein Horoskop *ganzheitlich* interpretiert. Insofern ist dieses Buch auch als Übungsbuch gedacht, das mein Buch OPFER, RETTER, VERFOLGER UND CHAOT (Wettswil, 2001), in dem ich die Verbindung von Transaktionsanalyse und Astrologie theoretisch erklärt habe, anschaulich ergänzt.

Zum Schluss möchte ich meinen ganz herzlichen Dank Ulrike Pinkale aussprechen, die bei mir Astrologie studiert. Frau Pinkale hat sich nicht nur um die biographischen Recherchen gekümmert, sondern alle Texte Korrektur gelesen und mir dabei viele Anregungen gegeben. Die Interpretation des Horoskops von Madonna stammt weitgehend von ihr.

Rolf Freitag, Heiligenhaus im Mai 2011

Teil 1: Meine Konzeption

Die wichtigsten Unterschiede

Was mache ich anders? Es gibt sicher keine zwei Astrologen, die ihr Handwerk ganz genau gleich ausüben. Das liegt an der Eigenwilligkeit einer uranisch gefärbten Jungfrau-Energie, die nun einmal zur astrologischen Begabung gehört. Auch ich muss bekennen, dass ich die psychologische Astrologie ganz erheblich verändert habe und kann den Leser nur bitten, mit diesen Änderungen seine eigenen Erfahrungen zu machen. Damit dies leichter möglich ist, stelle ich meine Neuerungen hier in Form einer kurzen Übersicht zusammen:

1. Interpretation mit zwölf statt der üblichen zehn Planeten
Fast alle Astrologen verwenden Merkur gleichermaßen für Zwillinge und Jungfrau; die Venus jedoch sowohl für Waage als auch für Stier. Ich benutze Chiron für die Jungfrau-Energie und Ceres für die Stier-Energie. Damit habe ich das 12-er System für die Psychologische Astrologie auch auf der Planetenebene etabliert.

2. Die Deutung der Tierkreis-Energien nach dem Yang-Yin-Schwingungsmodell
Bestimmte Tierkreis-Energien werden in den Lehrbüchern widersprüchlich beschrieben. Es vermischen sich bei ihnen Begriffe, die sowohl zur Yang-Ebene (Feuer und Luft) als auch zur Yin-Ebene (Erde und Wasser) gehören. Dies gilt vor allem für Waage, Schütze und Wassermann. Da die zwölf Grundenergien aber Idealtypologien darstellen und folglich eindeutig Yang- bzw. Yin-Charakter haben, kann eine solche Beschreibung nicht richtig sein. Schütze hat z.B. nichts mit Gerechtigkeit zu tun (das wäre eine Energie-

Mischung aus Waage, Jungfrau und Fische), Waage ist nicht die Energie der Liebe (das wäre die Energie des Skorpions) und Wassermann hat keinen Sinn für Humanität (das wäre die Energie der Fische). Diese Korrektur hat natürlich große Auswirkungen auf die Interpretation des Horoskops.

3. Bedeutung der Zeichen- und Häuserübergänge
Wenn man die Yang-Yin-Schwingung des Tierkreises ernst nimmt, dann muss man von einem fließenden Übergang der einzelnen Energien ausgehen. Der Teilungsstrich zwischen den Tierkreiszeichen hat also nur eine ordnende aber keine trennende Bedeutung. Folglich vermischen sich an den Punkten 0° im Tierkreis die benachbarten Energien zu jeweils 50%. Dies gilt natürlich auch für den Häuserkreis. Die nächste Energie bekommt somit ab der Mitte zwischen den Häuserspitzen langsam ein Übergewicht, und nicht erst, wie die meisten Astrologen lehren, 5°-6° vor der Häuserspitze.

4. Verwendung von Lilith und Priapus
Seit ein paar Jahren gibt es eine genauere Ephemeride von Koch/Rindgen zu Lilith und Priapus, den sensitiven Punkten der Mondumlaufbahn. Damit können erstmals stimmigere Erfahrungen vor allem mit dem Prinzip Priapus gemacht werden. Meiner Meinung nach sind beide Energien stark gefühlsbetont und deshalb für eine Interpretation unentbehrlich. Den entscheidenden Hinweis für eine Deutung gibt die Astronomie: Lilith entspricht einer Energie-Mischung aus Mond, Uranus (Distanz) und Pluto (Extrem), was man mit „Leidenschaft" bezeichnen kann. Priapus entspricht einer Energie-Mischung aus Mond, Neptun (Nähe) und Pluto (Extrem), was große Sensibilität beinhaltet. Beide sensitiven Punkte wiederholen also auf der Mondebene die Grundspannung des Horoskops zwischen Uranus und Neptun.

5. Aufhebung der Was-Wie-Wo-Regel
Die Astrologieschüler lernen als Faustregel, dass ein Planet gewissermaßen einem Schauspieler („Was") entspricht, das Zeichen, in dem der Planet steht, der Rolle („Wie"), die er spielt, und

das dazugehörige Haus der Bühne („Wo"), auf der das Stück aufgeführt wird. Ich halte diese Unterscheidung nicht für zutreffend und mache zwischen Planet, Zeichen und Haus, was die Bedeutung als astrologische Grundenergie anbelangt, keinen Unterschied.

6. Das Horoskop muss von Uranus und Neptun her interpretiert werden

Die entscheidenden Energien, die das ganze Horoskop strukturieren, werden von Uranus (Wassermann, 11. Haus, Lilith) und Neptun (Fische, 12. Haus, Priapus) symbolisiert. Pluto befestigt dabei die jeweilige Strukturierung gefühlsmäßig in der Tiefe der Persönlichkeit. Uranus und Neptun sind wie zwei Schalter, die alle Energien entweder in Richtung Extroversion oder Introversion lenken. In Verbindung mit den Yang- bzw. Yin-Energien des Horoskops entstehen so die vier neurotischen Lebensrollen von *Opfer, Retter, Verfolger und Chaot,* bzw. die hinter diesen Rollen als gesunder Kern liegenden Lebensgrundeinstellungen von *Rücksicht, Hilfe, Zielstrebigkeit und Selbstdarstellung (Erfindung).* Insofern ist die Balance zwischen Uranus und Neptun die Voraussetzung dafür, dass das Horoskop insgesamt in eine Balance gebracht werden kann. Darüber hinaus drängt die uranische Energie das gesamte Horoskop in Richtung *Veräußerlichung (Körperlichkeit),* die neptunische Energie hingegen in Richtung *Verinnerlichung (Geist/Seele/Transzendenz).* Zur horizontalen Balance muss also die vertikale Balance gleichberechtigt hinzukommen.

Fische - Energie (Neptun / 12. Haus / Priapus)

Rechtes Maß	Übertreibung
Fähigkeit zu Nähe und Hingabe	Selbstauflösung
Suche nach Verschmelzung	Sucht / Alkohol / Drogen
Feinfühligkeit/ Verletzlichkeit	Ängstlichkeit / Hilflosigkeit (Opfer)
Anpassungsbereitschaft/ Rücksicht	Beeinflussbarkeit
Einfühlung/ Allverbundenheit	Identifizierung / Kollektivismus
Instinktsicherheit / Ahnungen	Illusionen / Wunschdenken
Fantasie / Traum	Verträumtheit
Mitgefühl / Erbarmen / Nächstenliebe	Abnahme der Verantwortung (Retter)
Menschenfreundlichkeit / Solidarität	Selbstaufopferung
Rückzug / Einsamkeit / Stille	Isolierung
Verborgenheit	Heimlichkeit / Intrige
Bedürfnislosigkeit / Leere	Enttäuschung / Depression
Demut / Gelassenheit	Gleichgültigkeit / Lustlosigkeit
Verinnerlichung / Idealismus	Körperfeindlichkeit
Jenseitsorientierung / Mystik	Lebensuntüchtigkeit

Wassermann - Energie (Uranus / 11. Haus / Lilith)

Rechtes Maß	Übertreibung
Selbstverwirklichung / Originalität	Eigenwilligkeit / Trotz
Streben nach Besonderheit	Selbstherrlichkeit / elitärer Dünkel
Erfindungsgeist / Genialität	Verrücktheit (Chaot
Fähigkeit zur Distanz	Bindungslosigkeit / Individualismus
Freiheitsstreben	Rücksichtslosigkeit
Emanzipation	Gleichmacherei
Spezialistentum	Spaltung / Zerstrittenheit
Zweifel	Glaubensunfähigkeit
Experimentierfreude	Machbarkeitswahn
Aufregungen / Überraschungen	Sensationssucht
Humor	Ironie / Verspottung
Veränderungsdrang / Reformation	Neuerungssucht / Revolution (Verfolger)
Veräußerlichung / Körperbetonung	Verlust der Seele / Leidfeindlichkeit
Diesseits-Orientierung / Wirtschaft	Materialismus

Der Tierkreis als Yang-Yin-Schwingung

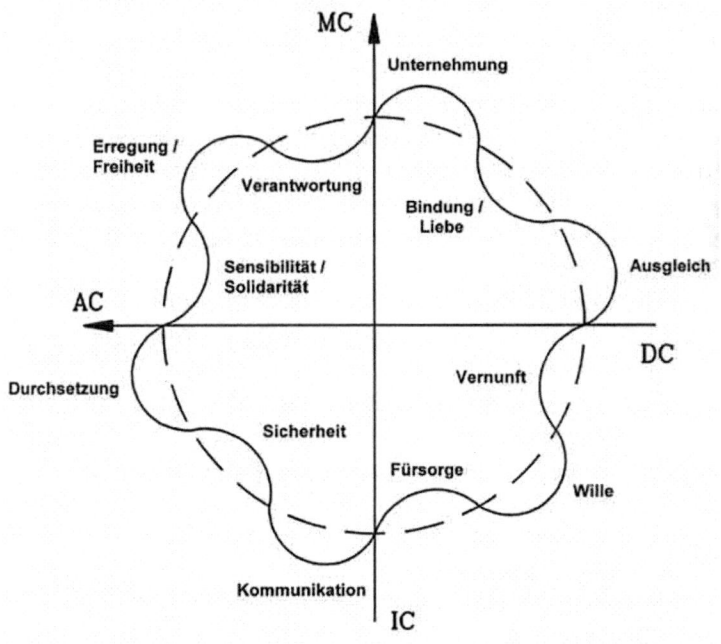

Abbildung 1: Die Harmonie des Tierkreises

Als ich mit dem Studium der Astrologie begann, hat mir nichts so viel Schwierigkeiten bereitet als die eindeutige Beschreibung und saubere Abgrenzung der beiden Tierkreis-Energien *Wassermann und Fische*. Der Grund lag aber nicht an meinem mangelhaft entwickelten Unterscheidungsvermögen, sondern daran, dass die diesen beiden Energien zugeschriebenen Eigenschaften sich teilweise überlappten. In vielen astrologischen Lehrbüchern konnte man Merkmale wie Humanität, soziales Engagement, Toleranz und Menschenfreundlichkeit sowohl auf der Wassermann-Seite als auch bei den Fischen finden. Wie soll man da zu einer klaren Begriffsbildung kommen?

Ich hatte auch meine Probleme mit der *Schütze-Energie*, die in allen Lehrbüchern mit so viel guten Eigenschaften versehen wurde, dass man glatt den Eindruck gewinnen konnte, dass eine Planetenstellung im Schützen so etwas wie den Hauptgewinn im astrologischen Lotto bedeutet: Kameradschaftlichkeit, Offenheit, Schwung, Optimismus, Charisma, Unternehmungsgeist, Sportlichkeit, Gelehrsamkeit, Bildung, Moral, Gerechtigkeitssinn, Philosophie, Religion - was will man mehr? Und wenn nicht zufällig meine eigene Sonne im Schütze-Zeichen stünde, hätte ich vielleicht das Studium der Astrologie aus purer Eifersucht bei einer solchen Bevorzugung einer Tierkreis-Energie schon gleich am Anfang abgebrochen.

Ziemlich unklar blieb auch die Erklärung der *Waage-Energie*, die einerseits durchaus extrovertiert als Schönheit, Harmonie, Geselligkeit, Freundlichkeit, Anmut und Beliebtheit, andererseits aber auch immer wieder sehr direkt als Gefühls-Energie, nämlich als „Liebe" vorgestellt wurde, während doch gleichzeitig der Skorpion als *die* Energie der tiefen gefühlsmäßigen Bindungsfähigkeit gilt. Meiner Meinung nach kann „Liebe", die ja richtig verstanden immer eine feste Beziehung beinhaltet, nicht einfach mit „Beliebtheit" gleichgesetzt werden.

Es hat einige Jahre gedauert, und es mussten große Schwierigkeiten überwunden werden, bis ich mit dem Schützen und der Waage ins Reine gekommen bin. Das galt auch für die Energien von Wassermann und Fische, die ich endlich so deutlich zu differenzieren gelernt hatte, dass gerade diese Unterscheidung zur Grundlage meiner eigenen Astrologie (Astrologie & Transaktionsanalyse) werden konnte.

Mir war von Anfang an bewusst, dass die genaue Kenntnis aller zwölf Grundenergien das Fundament der astrologischen Arbeit bildet. Die Tierkreis-Energien sind die kleinsten Bausteine, mit denen jede Methode arbeiten muss, und darin werden mir vermutlich alle Astrologen beipflichten. Umso unzufriedener war ich mit der Situation in den astrologischen Lehrbüchern, denn dort war diese Klarheit absolut nicht zu finden, was sich bis zum heutigen Tag aus meiner Sicht nicht geändert hat.

Mir ist natürlich die grundlegende Schwierigkeit bewusst, dass keine Tierkreis-Energie für sich allein existiert und deshalb in der Realität des Lebens auch nicht einfach isoliert beobachtet werden kann. Immer sind es Mischungen von vielen Grundenergien, die das Horoskop durch Zeichen- und Häuserstellung sowie durch die oft recht zahlreichen Aspekte symbolisch zum Ausdruck bringt. Es ist eigentlich leicht zu erklären, dass die Astrologen beim Bemühen, diese Mischungen auf einfache Archetypen zurückzuführen, zu etwas unterschiedlichen Ergebnissen kommen.

Im Unterricht ist mir einmal ganz spontan eine Methode eingefallen, die sich dann als sehr brauchbar erwiesen hat, um die vielen einander oft widersprechenden Merkmale einer einzelnen Tierkreis-Energie auf ihre Richtigkeit überprüfen zu können. Diese Methode ist folgende:

Ich habe den Tierkreis nicht wie üblich als Kreis, sondern mit einer Yang-Yin-Schwingung gezeichnet. Die sechs Luft- und Feuer-Energien werden jeweils durch einen nach außen gerichteten Bogen (Yang), die sechs Erd- und Wasser-Energien durch einen nach innen gerichteten Bogen (Yin) dargestellt. Yang- und Yin-Energien wechseln sich natürlich ab. Der Tierkreis beginnt also mit einem Yang-Bogen (Widder-Zeichen) und endet mit einem Yin-Bogen (Fische-Zeichen), so dass sich ein geschlossener Schwingkreis bildet. (vgl. das Schaubild „Die Harmonie des Tierkreises" Seite 15)

Daran ist eigentlich für Astrologen nichts Ungewöhnliches, denn mit dem Begriffspaar Yang/Yin, für das in der Jung'schen Psychologie auch die Begriffe „extrovertiert" und „introvertiert" stehen, wird ja in Beratungen ständig operiert. Für mich wurde dieser Schwingkreis jedoch zu einem wichtigen Werkzeug.

Um das zu verstehen, müssen Sie sich als Leser zunächst eine genaue Vorstellung von den Kategorien „Yang" und „Yin" bilden. Ich bin mir nicht so sicher, ob diese uralten, aus dem Taoismus stammenden Begriffe von Ihnen wirklich eindeutig unterschieden werden. Oft fehlt dafür das richtige „Feeling". Deshalb habe ich nachfolgend in Form einer Übersicht eine Reihe von Begriffspaaren zusammengestellt.

Polaritäten

Yin	Yang
Anspannung	*Entspannung*
Spontaneität	*Kontinuität*
Selbstverwirklichung	*Anpassung*
Ausnahme	*Regel*
Experiment	*Verzicht*
Chaos	*Kosmos*
Dynamik	*Statik*
Zukunft	*Vergangenheit*
Konkurrenz	*Solidarität*
Unterhaltung	*Nachdenklichkeit*
Motivation	*Erklärung*
Zivilisation	*Kultur*
Bewusstsein	*Unbewusstsein*
Fliehkraft	*Schwerkraft*
extrovertiert	*introvertiert*
verändern	*ertragen*
Tag	*Nacht*
Form	*Inhalt*
Bild	*Wort*
Melodie	*Harmonie*
Punkt	*Linie*

Diese Übersicht soll deutlich machen, dass es sich bei Yang und Yin um *die* grundlegende Polarität des Lebens handelt, wie sie uns überall entgegentritt. „Yang" bedeutet dabei die spontane, schöpferische und ungebundene Seite des Lebens, „Yin" dagegen die Anpassung und Rückbindung an Vorgegebenes, Überliefertes, Grundlegendes und Allgemeines. Mit einer Yang-Energie (oder richtiger gesagt: mit der Yang-Seite des Horoskops) brechen wir aus der unbewussten Ganzheit des Lebens auf, schaffen wir ein kleines Stück bewusstes neues Terrain, das aber mit der Ganzheit des Lebens in Verbindung bleiben muss, wenn es nicht zugrunde gehen soll. Um diese Verbindung nicht zu verlieren, gebrauchen wir die Yin-Seite des Horoskops. Es ist wie ein Ein- und Ausatmen.

Sie sollten sich ein wenig Zeit nehmen, dem Unterschied von Yang und Yin meditativ nachzuspüren. Es ist der größte Unterschied, den das Leben anzubieten hat. Oft werden für Yang und Yin auch die Begriffe *männlich* und *weiblich* gebraucht, doch ist hier die Parallelität nicht ganz vollständig. Die Waage-Energie (Venus) gehört nämlich dem Luft-Element (Yang) an und wird trotzdem dem Weiblichen zugeordnet. Die Steinbock-Energie (Saturn) andererseits symbolisiert als Teil des Erd-Elements (Yin) eine Seite des Männlichen. Auch scheint die Rationalität der Jungfrau-Energie (Yin) mehr dem Männlichen zu liegen, während das Weibliche ein besseres Verhältnis zur Zwillinge-Energie (Yang) besitzt.

Am deutlichsten erscheint die Polarität von männlich und weiblich in den Energien von Wassermann (Uranus) und Fische (Neptun). Deswegen ist die Spannung zwischen diesen beiden Energien auch am größten und eine ausgeglichene Balance hier am schwierigsten zu erreichen.

Kommen wir zurück zu unserem Tierkreis und den ungenauen Beschreibungen einzelner Energien. Mit dem Yang-Yin-Schwingkreis haben wir nun ein Werkzeug in der Hand, diese Ungenauigkeiten zu klären:

Schütze-Energie

Die Eigenschaften wie Offenheit, Dynamik, Optimismus, Ausdehnung, Schwung, Unternehmungsgeist, Sportlichkeit usw. passen durchaus zum Yang-Charakter dieser Energie. Aber ganz und gar nicht solche Begriffe wie Gerechtigkeit, Moral, Bildung, Philosophie, Religion usw., denn sie verweisen auf Vorgegebenes (Yin).

Gerechtigkeit und *Moral* orientieren sich an Maßstäben, sie können nicht einfach erfunden werden, sonst könnte man auch nicht in ihrem Namen Ansprüche gegenüber anderen Menschen geltend machen. Unter *Bildung* kann man zwar im Detail sehr unterschiedliche Kompetenzen verstehen, aber trotzdem wird schließlich jeder Bildungstheoretiker einen Kanon zusammenzustellen suchen, der ganz bestimmten Bedingungen entsprechen soll. Ein „Sollen" aber ist niemals das Kennzeichen einer spontanen Energie. Sie ist das typische Merkmal der Steinbock-Energie (Saturn), die zur Yin-Seite des Horoskops gehört. *Religion* schließlich macht schon im Begriff deutlich, wo sie hingehört, denn „religio" heißt im Lateinischen „Bindung". Falls ich Sie noch nicht überzeugt habe, probieren wir ein zweites Beispiel:

Wassermann-Energie
Die Begriffe Erregung, Freiheit, Egozentrik, Erfindung usw. passen eindeutig zum Yang-Charakter dieser Tierkreis-Energie. Wie aber steht es mit den oben genannten Merkmalen Humanität, soziales Engagement, Toleranz und Menschenfreundlichkeit? Sie beschreiben alle eine Form der *Rücksichtnahme* und können deshalb der Welt des Yang gar nicht angehören. Sie sind typische Eigenschaften der Fische-Energie. Auch die Freundschaft, die immer wieder dem Wassermann oder dem 11. Haus zugeordnet wird, beinhaltet eindeutig Bindungselemente und kann deshalb nicht allein Sache der Wassermann-Energie sein. Zumindest ist hier noch die Skorpion-Energie beteiligt. (Freundschaft = Bindung mit Distanz)

Als ich bei einem Vortrag auf diese Zusammenhänge aufmerksam machte, wurde ich gefragt, wie ich denn die Französische Revolution einordnen würde. Offensichtlich ging der Fragende davon aus, dass diese Revolution ein klassisches Wassermann-Ereignis darstellt und doch z.B. mit der Verkündigung der Menschenrechte eindeutig soziale Züge gezeigt hat. Der Fehler in der Überlegung lag darin, dass hier unterstellt wurde, ein historisches Ereignis würde nur von einer einzigen Energie beherrscht. Auch in der Französischen Revolution waren (wie bei allen Ereignissen des Lebens) natürlich alle Energien des Tierkreises am Werk. Die soziale Seite wurde eben, trotz einer Wassermann-Dominanz, von der Fische-Energie beigesteuert.

Dasselbe gilt auch für Horoskope von typischen Wassermännern, die sich sehr für soziale Angelegenheiten engagiert haben. Karl Marx z.B. hat nicht nur einen Wassermann-AC und den U-ranus am MC, sondern auch drei Planeten in den Fischen und Neptun im genauen Quadrat zu Pluto. Das erklärt sehr gut seine

„Menschenfreundlichkeit", für die er die (wassermännische) Revolution in Anspruch nehmen wollte.

Waage-Energie

Auch der Venus als Göttin der „Liebe" tut man Unrecht, wenn man ihr die Gefühlsfähigkeit des Skorpions andichtet. Die Waage-Energie bereitet eine Bindung vor, indem sie die Gemeinsamkeit zwischen Menschen durch ein Sich-Beliebtmachen-Können ermöglicht. Die Waage-Energie lockt mit Attraktivität, sie möchte gefallen. Dazu gehören solche Yang-Eigenschaften wie Ausgeglichenheit, Schönheit, Freundlichkeit, Charme und Anmut, die aber alle noch nicht zu einer festen Beziehung (Liebe) führen. Die Waage hat gerade als Yang-Energie eine große Unverbindlichkeit, was ja auch der Grund für ihre oft kritisierte Entschlussschwäche ist. Menschen mit einer starken Waage-Betonung können eine ganze Nacht hindurch tanzen und flirten ohne auch nur im geringsten daran zu denken, sich irgendwie festzulegen. Sie würden heftig widersprechen, es auch nur auf eine „Liebelei" angelegt zu haben, geschweige denn auf eine Liebesbeziehung.

Vielleicht ist mit diesem letzten Beispiel endgültig deutlich geworden, wie gut die Begriffe von Yang und Yin geeignet sind, im Tierkreis für Ordnung zu sorgen. *Schütze, Wassermann und Waage sind diejenigen Energien, die von den Astrologen besonders fehlerhaft beschrieben werden.* Gelingt es nicht, hier zu klareren Vorstellungen zu kommen, dann werden natürlich auch alle Energie-Kombinationen, an denen diese Energien beteiligt sind, falsch interpretiert. Und damit steht die ganze Psychologische Astrologie auf unsicheren Füßen.

Es ist nicht ganz einfach, bei Begriffen wie Toleranz, Gerechtigkeit oder Bildung die komplizierten Energiemischungen zu erkennen. Alle wichtigen Worte einer Sprache sind immer Verbindungen mehrerer Tierkreisenergien, wobei in der Regel sowohl Yang- als auch Yin-Energien beteiligt sind. Bei „Bildung" z.B. ist auch die Schütze-Energie involviert, und zwar im Sinne einer dynamischen Ausdehnung des Wissens und der Erkenntnis, die oft durch weite Reisen ermöglicht wird. Aber die Erkenntnis selbst (im Sinne von Erarbeitung und Durchdringung eines Stoffes) ist eine Leistung der Jungfrau-Energie, und wenn es sich um philosophische und religiöse Erkenntnisse handelt, dann kann eine solche Verinnerlichung nicht ohne die Fische-Energie erreicht werden. In der nebenstehenden Übersicht habe ich versucht, die Energiemischungen einiger wichtiger Begriffe zu klären.

Beispiele für Irrtümer bei Energieverbindungen

Ehrgeiz
nicht einfach *Steinbock*, sondern Steinbock (Pflicht) + Wassermann (Besonderheit)

Trotz
nicht einfach *Wassermann*, sondern Wassermann (Eigensinn) + Fische (Sensibilität) + Mond bzw. Mondknoten (Gefühl)

Gerechtigkeit
überhaupt nicht *Schütze*, sondern Waage (Ausgleich) + Jungfrau (Einsicht) + Fische (Ideal)

Intrigen
nicht einfach *Fische*, sondern Fische (Heimlichkeit) + Wassermann (Eigensinn) + Merkur (Kommunikation) + Jungfrau (Klugheit)

Moral
überhaupt nicht *Schütze*, sondern Jungfrau (Einsicht) + Fische (Verinnerlichung) + Skorpion (Bindung)

Macht / Gewalt
nicht einfach *Skorpion*, sondern Skorpion (Bindung) + Steinbock (Autorität) + Wassermann (Erregung). (Der Wassermann versucht auf diese Weise trotz seiner Bindung das Heft autoritär in der Hand zu behalten und bewahrt damit seine Freiheit)

Manipulation
nicht einfach *Skorpion*, sondern Skorpion (Bindung) +

Wassermann (Freiheit) + Fische (Verborgenheit) + Jungfrau
(Klugheit)

Engagement
nicht einfach *Skorpion,* sondern Skorpion (Bindung) +
Schütze (Schwung, Elan)
(Skorpion allein hält sich misstrauisch bedeckt)

Freundschaft
nicht einfach *Wassermann,* sondern Waage (Sympathie) +
Wassermann (Freiheit) + Skorpion (Bindung)
(Freundschaft ist eine Bindung mit Distanz)

Toleranz
nicht einfach *Wassermann,* sondern Waage (Sympathie) +
Jungfrau mit Wassermann (kritische Einsicht) +
Saturn mit Fische (Gelassenheit)

Sonderling
nicht einfach *Wassermann,* sondern Wassermann (Besonderheit)
+ Fische (Unsicherheit) (ein Sonderling übertreibt die eigene Note aus einer hintergründigen Unsicherheit heraus)

Das hier Gesagte gilt natürlich genauso für den *Häuserkreis.* Es ist
meiner Meinung nach ein Unsinn zu behaupten, dass ein Planet
erst 5°- 6° vor der Häuserspitze zum folgenden Haus gerechnet
werden muss. Die Übergänge sind auch hier fließend. Also beginnt die folgende Energie bereits ab der Mitte zwischen zwei
Häuserspitzen zu wirken.

Es ist auch nicht logisch, von einer „dominanten Stellung" einzelner Planeten zu sprechen, wenn sie sich an den Hauptachsen
befinden. Ein Planet am Aszendenten hat gewissermaßen eine
Konjunktion mit der Widder-Energie (AC), ein Planet am MC eine Konjunktion mit der Steinbock-Energie. Das ist alles. Die E-
nergie ist an diesen Punkten quantitativ nicht stärker gestellt als
irgendwo sonst im Häuserkreis. Sie hat qualitativ eindeutig
Widder- bzw. Steinbockcharakter. Stehen Planeten zwischen den
Häuserspitzen, dann muss bei der Interpretation die entspre-

chende Mischung *qualitativ* berücksichtigt werden, sie darf aber nicht *quantitativ* als „Schwäche" gewertet werden. Eine wirksame Dominanz gibt es im Horoskop nur im Aspektbild und bei mehrfach vorkommenden Energieverbindungen.

Die Darstellung des Tierkreises in Form einer Yang-Yin-Schwingung leistet auch in anderer Hinsicht gute Dienste. Sie kann uns z.B. darauf aufmerksam machen, dass die astrologischen Grundenergien fließend ineinander übergehen. Auch das ist eigentlich eine Selbstverständlichkeit, aber sie wird von den Astrologen nicht wirklich ernst genommen. In der Konsequenz bedeutet sie nämlich, dass die Tierkreisabschnitte nicht wirklich getrennt sind. Der Strich zwischen den einzelnen Zeichen täuscht eine solche Trennung zwar vor, in Wirklichkeit gibt es sie aber nicht. An den Punkten, wo die Schwingung neutral zwischen Yang und Yin steht (also an allen 0° Punkten im Tierkreis), besitzt ein dort befindlicher Planet folglich die Eigenschaften beider benachbarten Tierkreiszeichen, und zwar jeweils zu 50%. Die 100% reine Energie findet sich an den 15° Punkten im Tierkreis.

Es gibt also weder „eingeschlossene Zeichen" noch den „Eintritt" in ein Zeichen, denn ein Planet springt nicht am 0° Punkt im Tierkreis über eine Hürde in eine neue Energie, sondern der Übergang erfolgt ganz allmählich und unmerklich. Es beginnt lediglich langsam das Übergewicht der jeweils folgenden Tierkreis-Energie.

Die astrologischen Grundenergien

kardinales Kreuz	äußere Lebenssituation	Motivation	Verhalten	psychische Voraus-setzung
Widder 1. Haus	Auseinander-setzungen	Eroberung	Kampf/ Wettbewerb	Mut
Krebs 4. Haus	vertrauter Kreis/ Familie	Geborgen-heit	Fürsorge	Besorgnis
Waage 7. Haus	Gemeinsam-keiten	Beliebtheit	Freundlichkeit	Anziehungs-kraft
Steinbock 10. Haus	Institutionen	Anerken-nung	Pflichter-füllung	Disziplin

fixes Kreuz	äußere Lebenssituation	Motivation	Verhalten	psychische Voraus-setzung
Stier 2. Haus	Gewohnheiten	Sicherheit / Besitz	Sammeln	Ausdauer
Löwe 5. Haus	Führungs-positionen	Selbstbe-wusstsein	Wille	Gestaltungs-kraft
Skorpion 8. Haus	Extremlagen	Bindung / Liebe	Festhalten	Intensität
Wassermann 11. Haus	Außenseiter-positionen	Freiheit	Selbstverwirk-lichung	Erfindungs-kraft

veränder-liches Kreuz	äußere Lebenssituation	Motivation	Verhalten	psychische Voraus-setzung
Zwillinge 3. Haus	Neuigkeiten	Kontakte	Kommunika-tion	Auffas-sungs-gabe
Jungfrau 6. Haus	Alltag / Normalität	Probleme	Systematik / Logik	Vernunft
Schütze 9. Haus	Chancen / Zukunft	Unterneh-mung	Expansion	Risikobereit-schaft
Fische 12. Haus	Einsamkeit / Stille	Allverbun-denheit	Rücksicht	Mitgefühl

Die Was-Wie-Wo-Regel

Die Astrologie-Schüler lernen, dass ein Horoskop wie ein Theaterstück gedeutet werden soll: Danach ist der jeweilige Planet der Schauspieler mit seiner charakteristischen Eigenart. Dem Zeichen, in dem der Planet steht, entspricht die Rolle, die der Schauspieler übernommen hat, und das zugehörige Haus ist die Bühne, wo das Stück aufgeführt wird. Das klingt sehr hilfreich, führt den Astrologen aber letztlich doch in die Irre. Hier wird nämlich behauptet, dass eine Grundenergie aufgespalten werden kann in ein „Was" (Inhalt), in ein „Wie" (Methode) und in ein „Wo" (Manifestation, Verwirklichung).

Meiner Meinung nach ist das ein völlig willkürliches Verfahren, das nicht zu rechtfertigen ist, weil es dem Leben nicht entspricht.

Meine Begründung ist folgende: Die Astrologie unterscheidet zwölf Grundenergien und jede dieser Energien hat natürlich einen bestimmten Inhalt, der umgesetzt werden soll. Jede Energie ist aber *gleichzeitig* mit bestimmten Methoden ausgestattet, damit sie ihr Ziel überhaupt erreichen kann. Anders funktioniert es gar nicht. (Beispiel: Die Waage-Energie will Gemeinsamkeit erreichen, sie hat dazu ein freundliches Wesen mitbekommen und die Fähigkeiten, ausgleichend zu wirken, sich beliebt zu machen, angenehm aufzutreten und charmant zu reden.) Für jede Energie muss es schließlich eine Reihe von Verwirklichungen im Leben geben (also für die Waage-Energie beispielsweise Schönheit, Mode, Tanz, Geselligkeit, Diplomatie usw.). Das ist eigentlich eine Selbstverständlichkeit, sonst liefe eine Energie ins Leere. In der Konsequenz bedeutet das aber: Die für die Waage-Energie genannten Manifestationen finden sich nicht nur im 7. Haus, sondern ebenfalls im Waage-Zeichen und natürlich auch beim Planeten Venus selbst. Ich lehne also eine Aufspaltung der Grundenergien nach der Was-Wie-Wo-Regel ab. Planeten, Zeichen und Häuser sind für mich lediglich verschiedene Aufzeichnungssysteme ein- und derselben Energie. Allerdings geben diese Aufzeichnungssysteme zusätzliche Informationen für die Interpretation eines Horoskops. Diese liegen aber nicht auf der Ebene des „Was", „Wie" oder „Wo".

Planeten

Sie enthalten die jeweilige Energie konzentriert in reiner Form und ermöglichen dadurch bei Aspektverbindungen den stärksten Energiefluss.

Sie geben je nach ihrer astronomischen Anordnung im Sonnensystem (Chaldäische Reihe) einen Hinweis auf die psychische Position der betreffenden Energie innerhalb der Persönlichkeit. Je weiter entfernt von der Sonne sich ein Planet befindet, je langsamer seine Umlaufgeschwindigkeit ist, desto tiefer in der Persönlichkeitsstruktur ist die entsprechende psychische Energie verankert. (Beispiel: Pluto als erdfernster und langsamster Planet bildet den tiefsten Grund der Persönlichkeit, der Mond dagegen als erdnächster und schnellster die deutlich spürbare Oberfläche.)

Die tiefer liegende psychische Energie gibt dabei den Rahmen vor, in dem sich die sonnennäheren Energien bewegen dürfen. Neptun kommt also vor Uranus und Saturn vor Jupiter.

Zeichen

Sie beschreiben als Tierkreis die notwendige Ordnung der zwölf Grundenergien entsprechend den Jahreszeiten: auf Widder folgt notwendigerweise die Stier-Energie oder auf Schütze- die Steinbock-Energie. Sie geben weiter an, wie sich eine Energie in ihrer Qualität entwickelt. Die jeweilige Qualität steht völlig rein (aber nicht stärker) in der Zeichenmitte und geht von dort langsam in die Energie des benachbarten Zeichens über. Auf den Positionen 0° im Tierkreis sind die benachbarten Energien jeweils zu 50% beteiligt.

Die Zeichen bieten ferner als Messkreis die mathematische Voraussetzung dafür, um die Planetenpositionen genau bestimmen zu können, so dass man die Aspekte einzeichnen kann.

Häuser

Sie erstrecken sich immer über mehrere Zeichen und geben damit eine Entwicklung an: Mit dem Zeichen an der Häuserspitze geht der Horoskopeigner auf die betreffende Hausenergie zu, mit den folgenden Zeichen wird die Energie fortgesetzt. Es kann auch sein, dass die Energie an der Häuserspitze in normalen Lebenssituationen verwendet wird, während die folgenden Energien nur unter Belastung (Stress) eingesetzt werden.

Auch die Häuser können zu einem Messkreis gemacht werden, in dem die Planeten ihre Position finden. Es lassen sich dann die Aspekte des sogenannten *Häuserhoroskops* einzeichnen.

Wenn also die Energien von Planeten, Zeichen und Häusern austauschbar sind, dann haben wir es mit einem System zu tun, das als *Astrologisches Alphabet* bezeichnet wird.

Das Astrologische Alphabet

Tierkreiszeichen	Planeten	Häuser
Widder	Mars	1. Haus (AC)
Stier	Ceres	2. Haus
Zwillinge	Merkur	3. Haus
Krebs	Mond	4. Haus (IC)
Löwe	Sonne	5. Haus
Jungfrau	Chiron	6. Haus
Waage	Venus	7. Haus (DC)
Skorpion	Pluto	8. Haus
Schütz	Jupiter	9. Haus
Steinbock	Saturn	10. Haus (MC)
Wassermann	Uranus	11. Haus
Fische	Neptun	12. Haus

Mit dem Astrologischen Alphabet wird ein 12-er System vorgestellt. Das bedeutet aber auch, dass das Herrschersystem der Planeten neu überdacht werden muss. Es ist eigentlich nicht logisch, wenn die Astrologen das antike 7-er System mit Uranus,

Neptun und Pluto hinter sich lassen und sich dann mit 10 Planeten begnügen. Mit anderen Worten, die doppelte Zuordnung von Merkur (Zwillinge und Jungfrau) und Venus (Waage und Stier) kann in der Psychologischen Astrologie nicht mehr richtig sein. Ich empfehle als Herrscher für das Jungfrauzeichen (6. Haus) den 1977 entdeckten Kleinplaneten Chiron (Umlaufbahn zwischen Saturn und Uranus) und als Herrscher für das Stierzeichen (2. Haus) den Kleinplaneten Ceres (Umlaufbahn zwischen Mars und Jupiter), der bereits vor 200 Jahren astronomisch gefunden wurde, aber bisher ein Schattendasein in der Psychologischen Astrologie geführt hat. Sowohl Chiron als auch Ceres werden bereits mit Eigenschaften beschrieben, die in Richtung der von mir vorgeschlagenen Zuordnung weisen.

Darüber hinaus muss mit dem Charakter der Häuser Ernst gemacht werden. Ein Haus bekommt seine grundlegende Prägung nach dem Astrologischen Alphabet. Das 6. Haus hat also Jungfrau-Eigenschaften und das gilt auch dann, wenn seine Spitze z.B. im Widder-Zeichen steht. Natürlich ist es nicht unwichtig, mit welcher Zeichenenergie ein bestimmtes Haus beginnt, aber sie ist nicht so wichtig, wie der Grundcharakter des Hauses selbst. Nach dem Astrologischen Alphabet gehen die Verbindungen von Zeichen, Planet und Haus allen anderen Verknüpfungen vor. Wenn also das 6. Haus mit Widder beginnt, dann sehe ich nicht zuerst nach, in welchem Zeichen bzw. Haus der Mars im Horoskop steht, sondern ich sehe nach, wo sich der Kleinplanet Chiron (Jungfrau) befindet.

Die Mondknotenachse, Lilith und Priapus

Die Mondknotenachse

Die Mondbahn schneidet die Sonnenbahn (Ekliptik) unter einem Winkel von 5°. Die beiden Schnittpunkte liegen einander genau gegenüber und konstituieren die Mondknotenachse.

Die Mondknotenachse zeigt an, wie in der Familie (Mond) die persönliche Eigenart des Horoskopeigners (Sonne) gelebt werden konnte.

Da aber in der Familie immer eine gewisse Spannung besteht, die einerseits hervorgerufen wird durch die oft sehr verschiedenen Verhaltensmuster und Lebensstile von Vater und Mutter, andererseits aber durch die stark gegensätzlichen Seiten in ein und derselben Elternperson, muss sich diese Spannung auch im Horoskop ausdrücken.

Der symbolische Ausdruck der Familienspannung ist die Oppositionsstellung der Mondknotenachse.

Am aufsteigenden Mondknoten (Drachenkopf) verbinden sich die Energien von Sonne (Lebensfreude) und Mond (Geborgenheit). Hier erlebte der Horoskopeigner die selbstverständliche Unterstützung und Ermutigung in seiner Familie. Deswegen sagt man auch: Der aufsteigende Mondknoten hat *jupiterhaften* Charakter. *Hier finden sich also die Verhaltensmuster der Familie, mit denen sich der Horoskopeigner gut identifizieren konnte.*

Am absteigenden Mondknoten (Drachenschwanz) trennen sich die Energien von Sonne und Mond. Hier wurde der Horoskopeigner in seiner Familie gebremst bzw. frustriert. Deswegen sagt man auch: der absteigende Mondknoten hat *saturnhaften* Charakter. *Hier finden sich also die Verhaltensmuster der Familie, die ihm fremd geblieben sind oder die von ihm rebellisch abgelehnt wurden.*

Eine karmische Interpretation der Monknotenachse lehne ich ab.

Beide Mondknoten bezeichnen zwingende Motivationen, die über die Zeichen- und Häuserstellung sowie über die Aspektierung das gesamte Horoskop strukturieren. Da es sich bei der Mondknotenachse um eine Oppositionsstellung handelt, muss der Horoskopeigner lernen, die Balance zwischen beiden Polen zu halten. Er muss gewissermaßen in seiner Person die Spannungen in seiner Familie miteinander versöhnen.

Normalerweise fällt es leicht, die *Energien des aufsteigenden Mondknotens* in ausgeglichener Weise zur Geltung zu bringen, es sei denn, dass Spannungsaspekte auf diesen Punkt stehen. Der Horoskopeigner fühlt sich an diesem Pol sicher und geborgen. Die *Energien des absteigenden Mondknotens* werden dagegen zunächst verdrängt oder in zwanghafter Weise (skorpionisch) übertrieben gelebt. Das gilt besonders für alle Planetenstellungen am absteigenden Mondknoten und für Stellungen im Quadrat dazu.

Der Horoskopeigner fühlt sich hier von der Mond- und Sonnenenergie verlassen. Das damit verbundene Gefühl der Ungeborgenheit versetzt ihn gewissermaßen in Panik. So verwendet er die am absteigenden Mondknoten stehenden Energien entweder gar nicht oder aber er setzt sie in übertriebener Form ein.

Am Anfang des Lebens droht deshalb immer die Gefahr der Instrumentalisierung (neurotische Schieflage) der Mondknotenachse: Die Energien des absteigenden Mondknotens werden in Form der Übertreibung bzw. zwanghaften Hemmung mit den Energien des aufsteigenden Knotens verbunden, wo der Mensch sich zu Hause weiß und eine zu große gefühlsmäßige Sicherheit sucht.

Der lebendige und ausgeglichene Mensch erwartet dagegen von den Energien des aufsteigenden Mondknotens nur eine *vorläufige* Geborgenheit. Er weiß, dass er am absteigenden Mondknoten unvorhersehbare Erfahrungen machen soll, die er zulassen muss, damit sich sein Leben schöpferisch entwickeln kann. Hier darf gewissermaßen das Chaos ein Stück in das Leben einbrechen. Anschließend soll es aber gebändigt werden, was bedeutet, dass eine neue Balance zwischen absteigendem und aufsteigendem Mondknoten gefunden werden muss.

Die Mondknotenachse gibt immer eine gute Orientierung für die ganzheitliche Interpretation eines Horoskops. Die Aufgabe des Horoskopeigners besteht ja darin, die Energien des aufsteigenden Knotens *gerade dadurch* zu verwirklichen, indem er die Energien des absteigenden Knotens immer wieder neu zu leben sucht. Der Astrologe Bernd A. Mertz hat dafür das Bild von der Krone und den Wurzeln eines Baumes gebraucht. Die Krone (der aufsteigende Knoten) kann nur soweit wachsen, wie die Wurzeln (der absteigende Knoten) es zulassen.

Da die mit dem absteigenden Mondknoten verbundenen Energien des Horoskops *Schattencharakter* haben, bekommen sie auch eine große Bedeutung für die Partnerwahl. Der Horoskopeigner projiziert diese Energien im Zustand der Verliebtheit (zum Teil) auf sein Gegenüber in der unbewussten Erwartung, dass ihm der Partner zum Geburtshelfer für die eigenen noch unentwickelten Fähigkeiten wird. Im weiteren Verlauf der Beziehung (wenn die Verliebtheit vorüber ist) werden allerdings gerade diese Schattenenergien zur größten Belastung, nämlich dann, wenn es den Beteiligten nicht gelingt, die eigene Mondknotenachse einigermaßen zu harmonisieren.

Lilith und Priapus

Der sensitive Punkt Lilith (in der Horoskopzeichnung mit „L" bezeichnet) ist der erdfernste Punkt (Apogäum), Priapus (in der Horoskopzeichnung mit „P" bezeichnet) ist der erdnächste Punkt (Perigäum) der elliptischen Mondbahn. Nach neueren Berechnungen (Ephemeride von Koch/Rindgen) ist diese elliptische Bahn unter dem Einfluss der Anziehungskraft der Sonne chaotisch gestört. Deshalb liegen die beiden Punkte einander *nicht* direkt gegenüber.

Der schwarze Mond gilt als mythologisches Symbol für die oft verdrängten archaischen weiblichen Kräfte in der Psyche des Menschen. Eine passendere Beschreibung könnte nach meinen Beobachtungen aber folgende sein: Die Position von Lilith zeigt an, wo der Horoskopeigner in besonders authentischer Weise seine Persönlichkeit zur Geltung bringen kann.

Lilith ist der Punkt der Leidenschaft im Horoskop, wo ein Mensch den gefühlsmäßigen Drang (Mond) verspürt, unter Umständen ekstatisch über sich hinauszuwachsen. Das entspricht der astronomischen Position des Apogäums: Der Mond ist hier extrem (Pluto) von der Erde/Realität entfernt (Uranus). Lilith ist deshalb oft ein Hinweis für eine bestimmte Berufseignung und außerdem ein wichtiges Merkmal für die Partnerwahl. Manchmal sind im Zeichen und Haus, wo Lilith steht, geradezu übermenschliche Grenzüberschreitungen möglich.

Am Punkt der größten Erdnähe (Priapus) fehlt dann dem Horoskopeigner jede leidenschaftliche Erregung. Er erlebt sich hier oft geradezu als ohnmächtig, hat aber den gefühlsmäßigen Drang (Mond) zu extremen Hilfeleistungen (Pluto/Neptun).

Der schwarze Mond hat sowohl skorpionischen als auch *wassermännischen* Charakter, und er reagiert äußerst gefühlsintensiv (Mond). Das erklärt einerseits seine Faszination, andererseits aber auch seine dämonische Zerstörungskraft. Somit wird auch verständlich, dass Lilith vom Horoskopeigner als Energie der dramatischen Selbstverwirklichung erfahren wird, die oft mit überraschender Vehemenz hervorbricht. Man könnte sagen, Lilith bezeichnet im Horoskop den Punkt, wo ein Mensch eine egozentrische Besessenheit entwickeln kann. Damit gibt die Lilithstellung auch einen Anhaltspunkt, um erkennen zu können, durch welche Energien ein Lebensweg zu besonderen Höhen geführt, aber auch in besondere Tiefen geschleudert werden kann.

Der Punkt Priapus hat sowohl skorpionischen als auch *neptunischen* Charakter, und auch er reagiert äußerst gefühlsintensiv (Mond). Der Horoskopeigner entwickelt hier eine besondere Fähigkeit der Intuition bzw. des Mitgefühls und er besitzt ein starkes Bedürfnis nach Verschmelzung und Hilfsbereitschaft. Bieten sich ihm dafür keine Möglichkeiten in der Realität, so drohen ihm an diesem Punkt extreme Depressionen. Der Mensch landet dann in einer Opferposition.

Lilith und Priapus wiederholen also auf der Gefühlsebene die Grundspannung des Horoskops, die zwischen Yang und Yin schwingt und von den Energien Uranus und Neptun geschaltet wird.

Lilith und Priapus färben in dieser Weise alle Energien im Horoskop, mit denen sie aufgrund ihrer Zeichen- und Häuserstellung sowie ihrer Aspektverbindungen in Berührung kommen.

Stolperfallen der Astrologie

Irrtümer bei den Grundenergien

Wer sich mit der Astrologie beschäftigen will, muss sich zunächst mit den Grundenergien auseinandersetzen. Der Tierkreis von Widder bis Fische, die Herrscher der Tierkreiszeichen einschließlich Chiron für die Jungfrau und Ceres für den Stier sowie der Häuserkreis repräsentieren diese Archetypen. Es sind genau zwölf, und es gibt nicht mehr und nicht weniger. Das Horoskop zeigt die vielfältigen Verknüpfungen von Planeten, sensitiven Punkten, Zeichen und Häusern und lässt damit die Schwerpunkte aber auch die Probleme im Persönlichkeitsprofil des Horoskopeigners erkennen. Die Grundenergien sind dabei so etwas wie das Alphabet der Astrologie. Ohne sie gibt es keine vernünftige „Sprache", d.h. keine zutreffende Deutung des Horoskops. Aber werden sie auch richtig beschrieben?

Ich habe da meine Zweifel und will in diesem Artikel darlegen, warum es Astrologen so schwerfällt, sich auf eine zutreffende und allgemein akzeptierte Beschreibung der Grundenergien zu einigen.

Stolperfalle 1: Die Mythologie

Da die Grundenergien im Horoskop in komplizierten Verbindungen stehen und deshalb nicht isoliert beobachtet werden können, greifen Astrologen zu einem Hilfsinstrument und betrachten in der Regel den antiken Götterhimmel. Die Mythologie der Griechen bzw. der Römer ist für alle Astrologen nach meiner Wahrnehmung ein ganz entscheidender Bezugspunkt. Hier finden sie beispielsweise im Götterboten Hermes/Merkur die Energie des Planeten Merkur beschrieben, in der Göttin der Schönheit Aphrodite/Venus die Energie des Planeten Venus, im Kriegsgott Ares/Mars die Energie des Planeten Mars usw.

Es soll hier nicht die Bedeutung der Mythologie für die Astrologie grundsätzlich bestritten werden. Es gibt jedoch ein schwer wiegendes Problem: Bei den astrologischen Grundenergien handelt es sich um idealtypologische Beschreibungen, die mythologischen Vorstellungen kennzeichnen dagegen konkrete Wesen, nämlich Götter, und eine konkrete Person lässt sich in ihrer Lebendigkeit nicht auf eine idealtypologische Energie reduzieren. Sie hat notwendigerweise eine Komplexität und Farbigkeit, die über den Rahmen einer Tierkreisenergie hinausgeht. Astrologisch gesprochen: Mythologie gehört in den Bereich der Fische-

Energie. Ihr fehlt jedoch die begriffliche Klarheit der Jungfrau-Energie.

Das macht sich bei den einzelnen Götterpersonen unterschiedlich störend bemerkbar. Am deutlichsten finden wir eine Inkongruenz bei der Schütze-Energie, für die der Gott Zeus/Jupiter Pate gestanden hat. Sie soll hier als Beispiel kurz besprochen werden. Im Lehrbuch SCHLÜSSELWORTE ZUR ASTROLOGIE von Banzhaf/Haebler werden z.B. dem Jupiter folgende Eigenschaften zugeordnet:

„Würde, Weisheit, Glauben, Hoffnung, Moral, Gnade, Überzeugungen, Zuversicht, Vertrauen, Wohlstand, Reichtum und Wachstum, Erfolg, Zukunft, Optimismus, Großzügigkeit, Expansion, Gerechtigkeit, Ehrfurcht, Güte, Wohlwollen und Fülle." (S. 30)

Man fragt sich unwillkürlich, was für die anderen Tierkreiszeichen an Eigenschaften da noch übrig bleibt. Aber die einzelnen Begriffe vertragen sich auch miteinander nicht. Was haben z.B. Wohlstand und Weisheit gemeinsam, oder Moral und Erfolg, oder Expansion und Gerechtigkeit? In einer lebendigen Person (und die Götter wurden bei den Griechen und Römern ja als menschenähnliche Personen gedacht) können solche Eigenschaften natürlich miteinander verbunden sein, in einer idealtypologischen Beschreibung einer Tierkreisenergie jedoch nicht.

Der Göttervater Zeus/Jupiter war einerseits ein unternehmungslustiger und risikofreudiger Verführer und Fremdgänger (seine Ehefrau Hera hatte große Probleme mit ihm), andererseits war er aber auch die unumstrittene Autorität im Olymp, wo er für Recht und Ordnung sorgte. Von den oben angeführten Begriffen passen deshalb Expansion, Zukunft, Optimismus und Großzügigkeit (zu ergänzen wäre vielleicht noch Risikobereitschaft) zur Dynamik und Extrovertiertheit der Schütze-Energie, die anderen Begriffe sind kompliziertere Mischungen aus mehreren Grundenergien, wobei sehr oft Fische, Jungfrau und Steinbock zusammenwirken. Gerechtigkeit z.B. setzt einen kritischen Verstand voraus (Jungfrau mit Wassermann), der sich in der Gesellschaft (Waage) für ein Ideal (Fische) einsetzt (Widder). Gerechtigkeit passt deshalb zur Figur des Zeus/Jupiter, wie ihn uns die Mythologie vorstellt. Der Planet Jupiter bzw. die Schütze-

Energie im Tierkreis können die Gerechtigkeit aber nicht leisten, sie könnten sie höchstens zukunftsbezogen propagieren.

Die Mythologie (Fische) muss also mit der Ratio (Jungfrau) konfrontiert werden. Sie gibt sicher gute Anregungen und enthält natürlich viel an Wahrheit. Aber ihr fehlt die Genauigkeit des Begriffs, die hinzukommen muss, damit die Beschreibung einer Tierkreis-Energie idealtypologisch stimmig wird. Und das hat selbstverständlich große Auswirkungen auf die Deutung eines Horoskops.

Ich habe nun ein einfaches Modell entwickelt, um die mythologischen Beschreibungen zu überprüfen: Der Tierkreis wird von mir nicht als Kreis, sondern mit einer Schwingung gezeichnet (siehe das Schaubild *Die Harmonie des Tierkreises*, Seite 15). Die äußeren Bögen bilden die Luft- und Feuer-Energien, die inneren die Erd- und Wasser-Energien. Es wechseln sich also Yang- und Yin-Energien beständig ab, wobei die Übergänge fließend sind.

Eine Tierkreis-Energie hat entweder reinen Yang- oder reinen Yin-Charakter. Mischungen gibt es nur beim Übergang der einen Energie zur nächsten, also besonders an den Stellen 0° im Tierkreis. Yang-Energien sind dabei immer spontan, schöpferisch und ungebunden, Yin-Energien dagegen angepasst, rückbezogen und an Vorgegebenheiten orientiert.

Mit diesem Werkzeug kann ich das mythologische Angebot an Beschreibungen sortieren, vorausgesetzt ich habe ein Feeling für die Schwingung von Yang und Yin entwickelt. Von den oben genannten Worten haben z.B. „Weisheit, Glauben, Hoffnung, Moral, Gnade, Überzeugungen, Vertrauen, Wohlstand, Reichtum, Erfolg, Ehrfurcht, Güte, Wohlwollen" und natürlich auch „Gerechtigkeit" eindeutig Yin-Charakter. Sie können deshalb nicht zur Schütze-Energie gehören, sondern sind, wie ich das oben schon am Beispiel „Gerechtigkeit" dargelegt habe, kompliziertere Mischformen anderer Grundenergien.

Was ich hier etwas ausführlicher für Jupiter und die Schütze-Energie erklärt habe, gilt selbstverständlich auch für andere Energien des Tierkreises. Aphrodite/Venus z.B. galt in der Antike als Göttin der Schönheit, Harmonie und der Liebe. Die Tierkreis-Energie Waage hat einen Bezug zur Venus, und beide werden von den Astrologen mit genau diesen Begriffen beschrieben. Kaum jemandem fällt dabei aber auf, dass „Liebe" ein Gefühls-Begriff ist, der zu einer Luft-Energie (Waage) gar nicht passen kann. Das Wort „Liebe" drückt natürlich eine Bindung aus. Es widerspricht einer Yang-Energie und muss deshalb aus der Beschreibung von Waage bzw. Venus eliminiert werden. Es gehört zur Skorpion-Energie und zum Planeten Pluto.

Ein relativ junges Beispiel für den Einfluss der Mythologie auf die Bedeutung der Planeten stellt der Kleinplanet Chiron dar. Chiron gilt in der Astrologie als verletzter Heiler aus dem Kosmos. In der griechischen Mythologie war er der Sohn von Kronos (Saturn) und der Nymphe Philyra. Er hatte den Oberkörper eines Menschen und einen Pferdeleib. Seine Mutter verstieß ihn wegen seiner Hässlichkeit. Er wurde von Apollon und Artemis unterwiesen und zeichnete sich durch Weisheit, Heilkunst und praktische Fähigkeiten aus. Später wurde er der Lehrer vieler Götter und Helden. Als er durch einen Giftpfeil des Herakles versehentlich verwundet wurde, litt er furchtbare Qualen, blieb aber als Sohn eines Gottes unsterblich. Obwohl er anderen geholfen hat, konnte er sich selbst nicht heilen. Als er für die Erlösung des Prometheus sein Leben opferte, gab ihm Zeus die Unsterblichkeit zurück. Er durfte den Hades verlassen und in den Götterhimmel zurückkehren.

Welch ein komplexes Bild haben wir hier vor uns! Es passt unmöglich in den Rahmen einer einzigen Tierkreis-Energie. Manche Astrologen rechnen Chiron aufgrund seiner Gestalt (Pferdeleib) zum Tierkreiszeichen Schütze. Nach meiner Beobachtung handelt es sich aber eindeutig um Jungfrau-Energie. Die Jungfrau hat auch einen Bezug zum Heilen und Lehren. Mit Verletzungen hat sie hingegen nichts zu tun, es sei denn, es gibt eine Verbindung zur Fische-Energie.

Bei den oben geschilderten Energien ist die Mythologie zwar unscharf, aber in ihr ist die Wahrheit einer Grundenergie zumindest zum Teil enthalten. Es gibt jedoch auch ein Beispiel, wo die Mythologie völlig verkehrt liegt. Ich meine den sensitiven Punkt Priapus, der das Perigäum, also den erdnächsten Ort des Mondes auf seiner Umlaufbahn um die Erde darstellt. In den Beschreibungen für Priapus ist einfach gar nichts richtig. Im GROßEN LE-XIKON FÜR ASTROLOGIE von Weise/Ludwig finden wir z.B. folgende mythologische Erklärung:

„In der Mythologie ist Priapos (griechische Schreibweise) ein klein-asiatischer Fruchtbarkeitsgott, der mit einem überdimensional großen Phallus dargestellt wird." (S. 177)

In dem Buch von Koch/Rindgen „LILITH UND PRIAPUS - DIE SCHALEN DES MENSCHEN", das auch die korrekten Ephemeriden für Lilith und Priapus enthält, werden Priapus u.a. folgende Eigenschaften zugeordnet:

"Sodom, Schwarze Messe, Bordell, Striptease, Priapismus, Viagra, Masturbation, Nudismus, Exhibitionismus, Pornographie, Satanismus, Vergewaltigung". (S. 163)

Hier wird offensichtlich der sensitive Punkt Priapus als eine Energie erklärt, die sehr viel mit sexueller Perversion zu tun hat. Das aber ist völlig abwegig. Mit einer kritischen Überlegung kommen wir auch hier weiter:

Wenn Priapus astronomisch den Ort beschreibt, wo der Mond auf seiner elliptischen Bahn die größte Nähe zur Erde erreicht, dann folgt daraus astrologisch, dass die entsprechende psychologische Energie eine Mischung aus Mond, Neptun (Nähe) und Extrem (Pluto) sein muss. Priapus beschreibt demnach eine besondere Sensibilität, ein ungewöhnliches Mitgefühl bzw. auch eine extreme Verletzlichkeit. Priapus ist also ein ganz weicher Punkt. Diese Energie symbolisiert das genaue Gegenteil von Priapismus. Im Zusammenhang mit Mars könnte sie sogar den Grund für eine männliche Impotenz abgeben, denn Neptun löst im körperlichen Bereich gern Schwäche aus.

Der astronomische Punkt Lilith, der das Apogäum, also den größten Abstand des Mondes zur Erde darstellt, ist demnach astrologisch eine Mischung aus Mond, Uranus (Distanz) und Extrem (Pluto). In der Deutung heißt das so viel wie „ein extrem eigenwilliger Drang". Hierfür kann der Begriff „Leidenschaft" stehen. Lilith wird von den Astrologen auch ungefähr in diesem Sinne verwendet. Mit Priapus werden sie allerdings durch die Mythologie auf eine ganz und gar verkehrte Fährte gelockt, und es ist kein Wunder, dass zwar allgemein mit Lilith gearbeitet wird, für Priapus jedoch keine Erfahrungen vorliegen.

Stolperfalle 2: Historische Ereignisse

Als ich während eines Workshops über die Wassermann-Energie referierte, wurde ich von einem Teilnehmer gefragt: Und was sagen Sie zur Französischen Revolution? Der Fragende ging offensichtlich von der Vorstellung aus, dass die Französische Revolution das typische Muster für die Wassermann-Energie abgibt. Dazu trägt bei vielen Astrologen auch noch der Umstand bei, dass der Planet Uranus 1781 entdeckt wurde, also zeitlich unmittelbar vor diesem dramatischen Ereignis.

Nun hat die Französische Revolution (wie alle Revolutionen) natürlich eine deutliche Wassermann-Prägung. Aber eben nicht nur. Ereignisse sind wie Personen lebendig, und das bedeutet, dass sie wie Personen ein Horoskop besitzen, selbstverständlich mit allen Tierkreis-Energien. Das wird gern übersehen.

In dem oben zitierten Lehrbuch von Banzhaf/Haebler steht unter „Uranus" der lapidare Satz: „Uranus steht für die Ideale der Französischen Revolution, für Freiheit, Gleichheit und Brüderlichkeit" (S. 34)

Auch hier sollten wir unsere kritische Jungfrau-Energie einschalten und uns fragen, ob „Freiheit" und „Gleichheit, Brüderlichkeit" nicht harte Gegensätze darstellen und deshalb als Beschreibung einer Tierkreis-Energie gar nicht gemeinsam genannt werden dürfen. „Freiheit" hat wiederum Yang-Charakter und bedeutet, sich selbst als ein ganz eigenes und besonderes Individuum zu verwirklichen. Sie führt im Ergebnis zur Verschiedenheit der Menschen. „Gleichheit" dagegen hat Yin-Charakter und orientiert sich am Gemeinsamen aller Menschen, also an ihrer geistig-seelischen Veranlagung, an ihrer Berufung zur Transzendenz, an ihrer Verpflichtung, auf die innere Stimme des Gewissens zu hören, an ihrem Recht auf Leben usw. Sie führt im Ergebnis zur Aufforderung der „Brüderlichkeit", weil uns eben unsere Mitmenschen in gewisser Hinsicht gleichen wie ein Bruder dem anderen. „Freiheit" ist unbestritten ein Begriff, der die Wassermann-Energie kennzeichnet, „Gleichheit und Brüderlichkeit" gehören dagegen zur Fische-Energie.

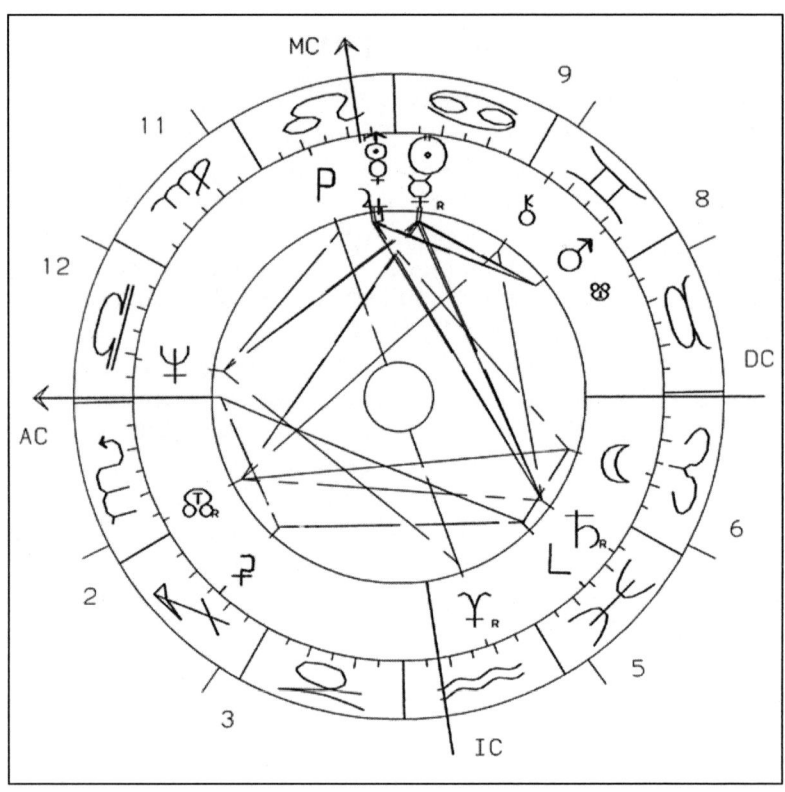

Abbildung 2: Der Sturm auf die Bastille, 14. Juli 1789 um 13.09 Uhr in Paris

Wenn wir nun das Horoskop der Französischen Revolution betrachten, dann sehen wir, dass hier nicht nur die Wassermann-
Energie eine Rolle gespielt hat, auch wenn sie damals sicher eine
Dominanz entwickeln konnte, sondern auch die anderen Tierkreis-Energien und vor allem die Fische-Energie:

Uranus am MC in Verbindung mit Pluto in Wassermann und
Mars in Haus 8 symbolisieren Rebellion und Gewalt, wobei vor
allem der Mond im Widder mit Halbsextil zu Lilith (Mond, Uranus, Pluto) in den Fischen eine angestaute Wut beschreibt. Hinzu
kommt das genaue Anderthalbquadrat von Lilith zum AC. Diesen wassermännischen Energien stehen aber mit der Aspektfigur

40

Pluto Opposition Priapus (Mond, Neptun, Pluto) und Trigon zu Neptun in Haus 12, dem Quadrat zwischen Sonne und Neptun sowie dem Anderthalbquadrat zwischen Mars und Neptun genügend Fische-Energien gegenüber, die den Idealismus der Französischen Revolution verständlich machen. Da Pluto mit seinen neptunischen Aspekten im Wassermann-Zeichen steht, wird astrologisch sogar besonders deutlich aufgezeigt, dass die Ziele der Französischen Revolution (Wassermann) auf Menschenrechte und andere soziale Themen (Fische) ausgerichtet sein mussten. Das Anderthalbquadrat zwischen Jupiter am MC zu Saturn in den Fischen beschreibt übrigens sehr gut den Sturm (Jupiter) auf die Bastille, das verhasste Gefängnis (Saturn in den Fischen) des Ancien régime.

Zum selben Ergebnis kommt man übrigens, wenn man die Weltzeitalter betrachtet. Zur Zeit der Französischen Revolution befand sich der Frühlingspunkt auf Grund der Präzession (Kreiselbewegung der Erdachse) schon im beginnenden Übergang vom (siderischen) Tierkreiszeichen Fische zum Tierkreiszeichen Wassermann, was ebenfalls für eine Mischung beider Energien spricht.

Die Französische Revolution ist aber nur ein Beispiel für historische Ereignisse, die für Astrologen zu Stolperfallen werden können, wenn sie nicht in ihrer Komplexität wahrgenommen werden. Man kann viele andere Beispiele anführen. Jeder Krieg hat z.B. als Ereignis deutlich eine Widder-Dominanz, vielleicht ergänzt durch die Energien von Steinbock, Wassermann und Skorpion, die extreme Härte und Unterdrückung ausdrücken. Trotzdem gibt es auch im Krieg Hilfsbereitschaft, etwa verkörpert durch das Rote Kreuz. Auch im Horoskop eines Krieges wird also die Fische-Energie nicht völlig fehlen.

Stolperfalle 3: Das eigene Horoskop

Hier kann ich aus persönlicher Erfahrung sprechen. Als ich mit dem Astrologie-Studium begann, war ich als Schütze-Geborener sehr angetan von der Beschreibung dieser Energie. Für mich trafen solche Kennzeichnungen zu, wie „Allen voran drängt den

Schützen die Suche nach dem Sinn. Er ist im Inneren ein tief religiöser Mensch, der sicher weiß, dass sich in allem Erschaffenen ein höherer Sinn verbirgt", oder „Da im Schützen auch das Gerechtigkeitsgefühl stark ausgeprägt ist, finden sich hier Menschen, deren Streben nach Gerechtigkeit von wahrhaft hohen Werten geleitet wird" oder „Streben nach hoher Bildung und weiten Horizonten" oder „Große Begeisterungsfähigkeit". (Banzhaf/Haebler S. 58f.)

Banzhaf und Haebler haben diesen positiven Charaktereigenschaften natürlich auch die entsprechenden negativen gegenübergestellt. Diese waren dann weniger schmeichelhaft für mich. Aber auch damit wurde das Bild des Schützen nicht richtiger. Es hat einige Zeit gedauert, bis ich begriff, dass ich die idealtypologische Tierkreis-Energie durch die Brille des eigenen Horoskops betrachtet und mit diesem verwechselt hatte. Genau das passiert, wie ich glaube, des Öfteren, wenn sich Astrologen mit bestimmten Grundenergien beschäftigen.

In meinem Horoskop (siehe Seite 158) steht die Schütze-Sonne Grenze Steinbock und der Sonnenherrscher Jupiter in Konjunktion mit Saturn. Das gibt der Schütze-Dynamik Ernsthaftigkeit und Konsequenz. Die Sonne steht weiterhin in einem sehr genauen Quadrat zu Neptun, der sich Ende Jungfrau an der Grenze zur Waage befindet. Hier drückt sich mein Idealismus (Neptun) aus, und zwar vor allem im Hinblick auf soziale Gerechtigkeit (Neptun, Waage, Jungfrau). Der Aspekt Sonne Quadrat Neptun symbolisiert aber auch meine Sinnsuche und religiös-philosophische Orientierung. Von Beruf war ich Religionslehrer, und die Verbindung von Jupiter und Saturn könnte auch eine Erklärung dafür abgeben, dass mir die dogmatische katholische Konfession (Saturn) näher stand als die evangelische. Begeisterungsfähigkeit ist eine Verbindung von Mond, Jupiter und Uranus. Uranus befindet sich in meinem Radix im Anderthalbquadrat zur Mondknotenachse (Sonne, Mond) und mein Merkur befindet sich mitten im Schützen am IC. Ich kann deshalb sehr begeistert motivieren und predigen, wenn ich von einer Sache überzeugt bin. Meine Lehrerenergie schließlich hat nichts mit Schütze zu tun, sondern mit meinem Jungfrau-AC und dem

Herrscher Chiron neben Pluto in Haus 11. Dass ich mich dabei nicht in Einzelheiten verliere, sondern immer versuche, das Wesentliche auf den Punkt zu bringen, liegt am Anderthalbquadrat von Saturn zum Jungfrau-AC. Diese Konstellation ist letztlich auch dafür verantwortlich, dass ich in der Psychologischen Astrologie ein neues System entwickelt habe.

So entsteht ein sehr komplexes Bild, und es ist natürlich schwierig, aus diesem die reine Schütze-Energie zu isolieren. Es ist aber möglich, wenn man genügend viele Horoskope vergleicht und sehr unvoreingenommen an die Astrologie herangeht. Dabei kann eine kritische Jungfrau-Energie (Jungfrau, Wassermann) und der oben beschriebene Tierkreis als Yang-Yin-Schwingung gute Dienste leisten. Wichtig ist die Erkenntnis, dass wir Astrologen ständig in der Gefahr sind, komplexe Wirklichkeiten, wie sie die Mythologie, geschichtliche Ereignisse und das eigene Horoskop darstellen, mit einer astrologischen Grundenergie zu identifizieren. In einer Grundenergie steckt aber meistens sehr viel weniger an Inhalt, als von Astrologen behauptet wird.

Die zentrale Bedeutung von Neptun und Uranus

Die Klärung der Grundenergien nach dem Yang-Yin-Schwingungsmodell, die Verwendung von Chiron für die Jungfrau-Energie und Ceres für die Stier-Energie, die Deutung mit Lilith und Priapus, die Interpretation mit fließenden Übergängen zwischen den Zeichen und Häuserspitzen sowie die Ablehnung der Was-Wie-Wo-Regel verbessern meiner Meinung nach das astrologische Handwerkszeug. Darüber hinaus muss das Horoskop aber strukturiert gedeutet werden, und für eine solche *Strukturierung* haben Neptun und Uranus die wichtige Funktion von Schaltern.

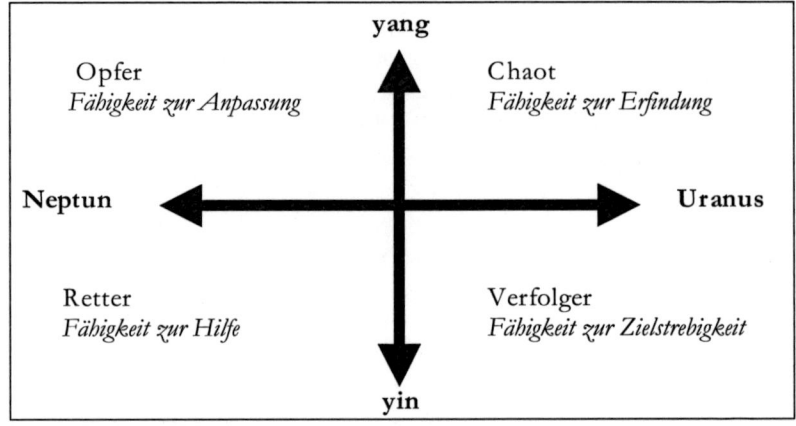

Abbildung 3: Die Entstehung der Lebensrollen

In dieser Funktion können allerdings Neptun und Uranus nur erkannt werden, wenn der deutliche Unterschied zwischen diesen Energien ganz klar herausgearbeitet wird. Es ist immer noch üblich, dass Astrologen in das Wassermann-Prinzip Eigenschaften wie Humanität, Menschenfreundlichkeit und Toleranz hineininterpretieren, weil Uranus zur Zeit der Französischen Revolution entdeckt wurde und diese Revolution schließlich die Menschenrechte verkündet hat. Die Schlagworte sind bekannt: Es ging um Freiheit, Gleichheit und Brüderlichkeit. Ein historisches Ereignis vertritt aber niemals eine einzige Grundenergie, dafür ist es viel zu komplex. Und mit ein wenig Logik lässt sich unschwer erkennen, dass Freiheit einen fundamentalen Gegensatz zu Gleichheit und Brüderlichkeit darstellt. Die beiden letzten Begriffe gehören eindeutig zur Fische-Energie. Die Wassermann-Energie ist zwar eine soziale Energie, aber sie ist die Energie der sozialen Distanz. Die Nähe, und damit auch die Menschenfreundlichkeit, die Brüderlichkeit, das Mitgefühl und auch die Toleranz, werden allein durch die Fische-Energie symbolisiert.

In meiner Astrologie habe ich beschrieben, welche astrologischen Konstellationen ganz bestimmte psychologische Strukturmuster begründen. Die Opfer-Rolle entsteht durch eine Verbindung der Fische-Energie mit den Yang-Energien des Horoskops

(Elemente Feuer und Luft) und die Retter-Rolle durch eine Verbindung der Fische-Energie mit den Yin-Energien (Elemente Erde und Wasser). Das psychologische Grundmuster in beiden Rollen ist die *Betroffenheit*, die durch Fische-Energie, aber auch durch den Planet Neptun, das 12. Haus und den sensitiven Punkt Priapus (Mond, Neptun, Pluto) repräsentiert wird.

Die Verfolger-Rolle entsteht durch eine Verbindung der Uranus-Energie mit den Yin-Energien des Horoskops und die Chaoten-Rolle durch eine Verbindung der Wassermann-Energie mit den Yang-Energien. Das psychologische Grundmuster in beiden Rollen ist die *Erregung,* die durch die Wassermann-Energie, aber auch durch den Planet Uranus, das 11. Haus und den sensitiven Punkt Lilith (Mond, Uranus, Pluto) repräsentiert wird. Hinter diesen neurotischen Lebensrollen stehen natürlich gesunde Lebensgrundeinstellungen, nämlich die Fähigkeiten zur Anpassung, zur Hilfsbereitschaft, zur Zielstrebigkeit und zur Erfindung. Sie können gelebt werden, wenn es gelingt, die Energien von Neptun und Uranus mit einer kritischen Sachlichkeit zu verbinden, die durch die Steinbock- und Jungfrau-Energie symbolisiert wird.

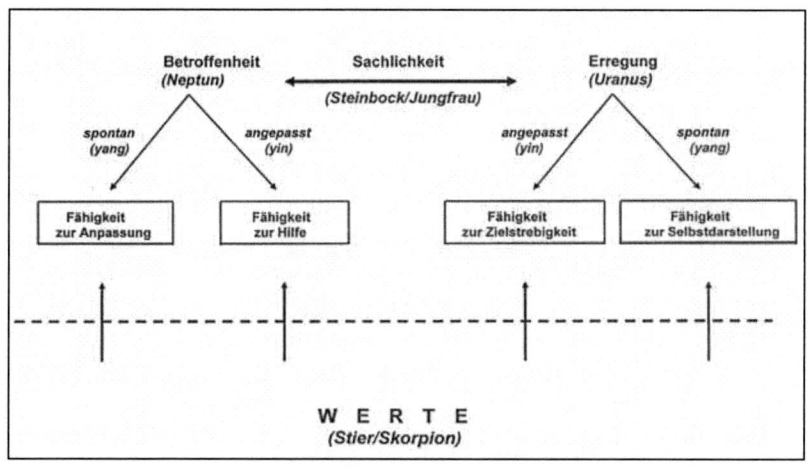

Abbildung 4: Die Balance des Lebens

45

Der Ausstieg aus den neurotischen Lebensmustern und die Hinwendung zu einer ausgeglichenen Lebensweise ist die Arbeit eines ganzen Lebens. Das Horoskop beschreibt dabei die besonderen Fähigkeiten eines Menschen, und die astrologische Beratung dient letztlich keinem anderen Ziel als der bewusstseinsmäßigen Hinführung des Klienten zu jener Harmonie, in der er allen seinen Energien gerecht werden kann und die neurotischen Übertreibungen bzw. Untertreibungen überwunden hat.

Es geht bei einer Beratung allerdings nicht nur um das Thema der horizontalen Balance zwischen den Lebensrollen bzw. Lebensgrundeinstellungen, die sich je nach Anforderung der Realität flexibel abwechseln sollen. Es geht auch um die vertikale Balance zwischen Körper, Geist und Seele. Die Astrologie vertritt schließlich ein senkrechtes Weltbild und auch für die Theologie ist es selbstverständlich, die Wirklichkeit als eine Verbindung von analogen Phänomenen zu beschreiben, die bei aller Verschiedenheit denselben Seinsgrund besitzen, nämlich Gott als ihren Schöpfer und Erhalter.

In der Analogie sieht auch die Astrologie die Erklärung für die Wirkung der astrologischen Symbole, die eben nicht kausal zu verstehen ist, sondern nach dem Gesetz „Wie oben (am Himmel), so unten (auf Erden)" von der astronomischen Konstellation auf die psychologische Befindlichkeit der Menschen (aber auch auf die Beschaffenheit der Tiere, Pflanzen und Mineralien) schließt.

Der Mensch ist nun ein sehr kompliziertes Wesen. In ihm verbinden sich mehrere Seinsebenen zu der einen unverwechselbaren Persönlichkeit, und das Horoskop gilt für alle diese Ebenen. Es gilt also für die Organe, gewissermaßen die pflanzliche Ebene im Menschen, für die körperliche Vitalität, also die tierische Ebene, für Geist und Seele, die eigentlich menschliche Ebene, und schließlich sogar für die Transzendenz, den göttlichen Seinsgrund im Menschen.

Die Interpretation des Horoskops hat all diese Ebenen im Blick zu behalten, wenn es auch nach meiner Erfahrung bei einer Beratung vor allem um den Schritt von der körperlich-vitalen (tierischen) Ebene zur geistig-seelischen (menschlichen) Ebene geht. Alle Spannungsaspekte fordern den Horoskopeigner z.B. auf, sich zu verinnerlichen, um eine stabile Integration zu ermöglichen. Dies möchte ich an einem Beispiel verdeutlichen:

Nehmen wir die Jungfrau-Energie und die Schütze-Energie, die im Horoskop im Quadrat zueinander stehen. Jungfrau bedeutet körperlich Putzen, Aufräumen und Sortieren, und diese Tätigkeiten finden in einem Innenraum statt. Schütze bedeutet körperlich unterwegs sein, drauflos stürmen, Raum gewinnen, und diese Tätigkeiten finden in einem Außenraum statt. Es ist sofort offenbar, dass sich auf der körperlichen Ebene keine direkte Verbindung zwischen diesen Energien herstellen lässt. Man kann nur erst das eine und dann das andere tun.

Ganz anders verhält es sich aber, wenn Jungfrau und Schütze geistig-seelisch gelebt werden. Die Jungfrau ist dann klug und räumt in ihrem Kopf auf. Der Schütze strebt unternehmerisch und risikobereit vorwärts und sucht seine Chance im Leben. Und diese Verbindung ist überhaupt kein Problem: Ein Unternehmer kann durchaus gleichzeitig klug und risikobereit sein. Auf der geistig-seelischen Ebene lässt sich also das Horoskop recht gut integrieren, und diese Integration kommt dann auch der körperlichen Ebene zugute, die ja nicht vernachlässigt werden darf.

Für die Interpretation eines Horoskops ist es nun wichtig zu wissen, dass auch Verinnerlichung und Veräußerlichung von Neptun und Uranus gesteuert werden, dass Neptun die Verinnerlichung anstrebt, ist unter Astrologen unbestritten. Gilt doch dieser Planet auch als Symbol für Idealismus, Religion und Mystik. Viel seltener und vielleicht gar nicht werden mir Astrologen zustimmen, wenn ich behaupte, dass Uranus zur Veräußerlichung drängt und im Extrem für den Materialismus verantwortlich zeichnet. Ihnen steht die Überzeugung im Weg, dass Uranus eine geistige Energie ist.

Überhaupt ist es wichtig, das astrologische Hören zu schulen. Der Klient sagt uns im Grunde alles, wenn wir offen mit ihm reden. Die Kunst des Astrologen besteht darin, aufmerksam zuzuhören und die entscheidenden Sätze sofort in die astrologischen Symbole zu übersetzen, die er im Horoskop findet. Es ist wie eine Simultanübersetzung in eine Fremdsprache: Sind die entsprechenden Energie-Verbindungen erkannt worden, hat der Astrologe den Klienten verstanden. Er kann jetzt mitreden und dem Horoskopeigener vielleicht einen Rat geben, wobei er einerseits die Energien des Horoskops im Blick haben, andererseits aber auch über eine psychologisch geschulte Vorstellung von seelischer Gesundheit verfügen sollte.

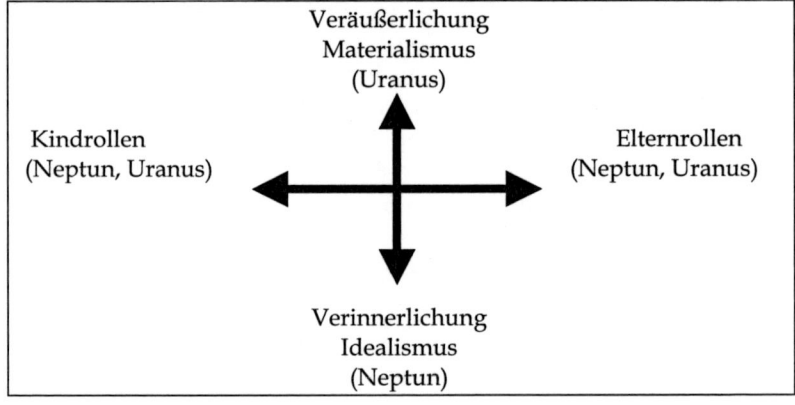

Abbildung 5: Neptun und Uranus in der Interpretation

Für eine genauere Kenntnis der Verbindungen zwischen Astrologie und Transaktionsanalyse verweise ich auf mein Buch OPFER, RETTER, VERFOLGER UND CHAOT (Wettswil 2001). An dieser Stelle möchte ich nur noch zu einem Problem Stellung nehmen, das bei einer Interpretation besondere Schwierigkeiten bereitet. Sie können es an folgendem Beispiel erkennen: Was bedeutet Mond in Haus 12 (bzw. Mond in den Fischen, Mond im Aspekt zu Neptun oder Mond im Aspekt zu Priapus)? Sie werden von Astrologen zwei Antworten bekommen, die sehr unterschiedlich sind: Einmal wird man hören, es handele sich um Feinfühligkeit, Empfindlichkeit, Gefühlsverletzungen und Schutzbedürfnis, ein andermal wird gesagt, der Horoskopeigner sei mitfühlend, rücksichtsvoll, hilfsbereit und aufopfernd. In der ersten Deutung handelt es sich um eine Kindposition (Opfer), in der zweiten um eine Elternposition (Retter). Beide Interpretationen sind richtig, aber die Astrologen bleiben die Erklärung schuldig, wie es möglich ist, dass ein und dieselbe Konstellation so gegensätzliche Deutungen zulässt.

Der Grund ist aus dem Schaubild *Der Aufbau einer Lebensrolle* zu ersehen: Danach bildet sich eine Rolle bzw. eine Lebensgrundeinstellung, indem eine Neptun- bzw. Uranus-Verbindung gewissermaßen das Kommando übernimmt und das ganze Horoskop in seine Richtung bewegt (Skriptführung). Allerdings ist dann die Frage zu beantworten, wie die übrigen Konstellationen zu interpretieren sind. Es gibt Energie-Verbindungen im Horoskop, die keinen Neptun- oder Uranus-Anteil enthalten. Sie sind rollenmäßig neutral einzustufen und unterstützen damit unproblematisch jede Rolle bzw. Lebensgrundeinstellung. Es gibt aber auch solche Energie-Verbindungen, die von einer Neptun- oder Uranus-Energie geprägt werden, im Augenblick aber nicht die aktuelle Rolle bestimmen. Sie wirken als *Differenzierung* aus dem Hintergrund, und ihre Deutung ist ganz anders als in der sogenannten Skriptführung.

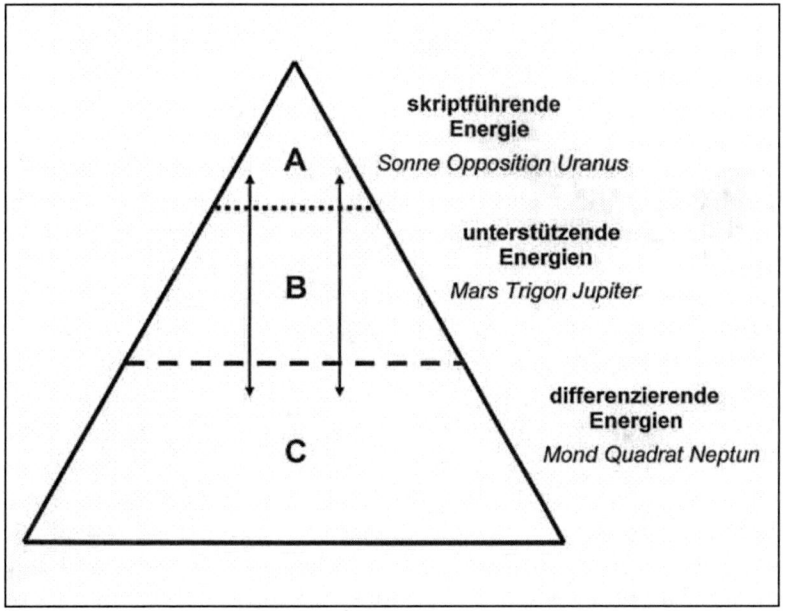

Abbildung 6: Aufbau einer Lebensrolle

Eine **Opferrolle** (z.B. Sonne Quadrat Neptun) kann im Hintergrund durchaus eine oder mehrere Helfer-Stellungen besitzen (z.B. Mond im 12. Haus). Hier hat der Horoskopeigner zwei Möglichkeiten des Verhaltens: Entweder er projiziert eine solche Helfer-Stellung nach außen, etwa auf einen Partner, dann lockt er dessen Hilfsbereitschaft an und nutzt diese vielleicht sogar aus. Oder er gliedert sie in seine Opferrolle ein, indem die Neptun-Energie die betreffende Yin-Energie sensibilisiert. Im vorliegenden Beispiel macht das 12. Haus den Mond schwach und ängstlich, so dass dem Horoskopeigner in seiner Opferrolle Depressionen drohen.

Gibt es Zielstrebigkeits-Stellungen (z.B. Chiron Opposition Uranus) im Hintergrund einer *Opferrolle*, dann kann der Horoskopeigner diese ebenfalls nach außen projizieren und sich einem Verfolger, in diesem Fall einem Kritiker, unterwerfen. Er kann die Verfolgung aber auch gegen sich selbst richten. Schließlich kann er sich diese aggressive Energie rebellisch zu eigen machen und in unserem Beispiel dazu neigen, Widerworte zu geben.

In diesem Fall haben wir es mit dem „rebellischen Kind" zu tun, wie es die Transaktionsanalyse beschreibt.

Eine verdeckte Kreativitäts-Stellung (z.B. Merkur Konjunktion Lilith) kann in der *Opferrolle* natürlich auch abgewehrt werden, vor allem wenn der Horoskopeigner Angst hat, sich in den Mittelpunkt zu stellen. Aber es gibt auch Menschen, die es verstehen, ihre Opferrolle kreativ zu gestalten, indem sie, wie es in diesem Beispiel denkbar wäre, alle möglichen Ausreden erfinden.

Eine **Retterrolle** (z.B. Mond im 12. Haus) kann im Hintergrund ebenfalls eine oder mehrere Anpassungs-Stellungen besitzen (z.B. Sonne Quadrat Neptun). Eine solche Konstellation kann wieder nach außen projiziert werden, so dass sich der Retter ein entsprechendes Opfer sucht. Er kann aber diese Energie auch selbst leben, indem er sich mit besonderer Sensibilität bzw. Unsicherheit für andere aufopfert. Im oben genannten Beispiel könnte seine Hilfsbereitschaft eine gewisse Orientierungslosigkeit bekommen. Er lässt sich dann mehr von außen zu gewissen Hilfeleistungen bestimmen, als dass er selber weiß, was er wirklich will.

Gibt es Zielstrebigkeits-Stellungen (z.B. Saturn im 11. Haus) im Hintergrund einer *Retterrolle*, dann können diese wiederum nach außen projiziert werden. Der Horoskopeigner könnte aber auch mit einer untergründigen Aggressivität operieren, indem er sich als Retter aufdrängt und zu bestimmen versucht, wie er seine Hilfe leistet.

Eine verdeckte Kreativitäts-Stellung (z.B. Venus Opposition Uranus) kann in der *Retterrolle* selbstverständlich auch abgewehrt werden. Aber diese Energie könnte der Horoskopeigner auch benutzen, wie es im oben angeführten Beispiel denkbar wäre, um sich selbst auf eine sehr charmante Art als Retter in Szene zu setzen.

Eine **Verfolgerrolle** (z.B. Mond im Wassermann) kann im Hintergrund ebenfalls eine oder mehrere Anpassungs-Stellungen besitzen (z.B. Merkur Halbsextil Priapus). Neben der Projektion, die natürlich wieder möglich ist, könnte z.B. hier eine Mutter ihr Kind auf die Weise zu manipulieren versuchen, indem sie es mit Schweigen bestraft.

Gibt es Helfer-Stellungen (z.B. Ceres in den Fischen) im Hintergrund einer *Verfolgerrolle*, dann können diese wiederum nach außen projiziert werden. Es wäre aber in diesem Beispiel auch der Fall denkbar, dass ein Verfolger in Gestalt eines Helfers auftritt, um sein Opfer am Ende zu beherrschen oder um es auszurauben. (Ceres in den Fischen bedeutet innerhalb der Opferrolle auch Armut.)

Eine verdeckte Kreativitäts-Stellung (z.B. Lilith im Widder) kann in der *Verfolgerrolle* selbstverständlich auch abgewehrt werden. Aber mit dieser Energie könnte der Horoskopeigner hier mit einer besonderen Wildheit und Furchtlosigkeit als Verfolger auftreten.

Eine **Chaotenrolle** (z.B. Sonne im Wassermann) kann im Hintergrund ebenfalls eine oder mehrere Anpassungs-Stellungen besitzen (z.B. Mars Konjunktion Neptun). Neben der Projektion, die immer eine Möglichkeit darstellt, könnte der Horoskopeigner im oben genannten Beispiel Selbstherrlichkeit mit Feigheit verbinden.

Gibt es Helfer-Stellungen (z.B. Chiron Opposition Priapus) im Hintergrund einer *Chaotenrolle*, dann können diese wiederum nach außen projiziert werden. Es wäre aber hier auch denkbar, dass sich der Horoskopeigner gerade im sozialen Bereich narzisstisch aufzuspielen versucht.

Eine Verfolgerstellung (z.B. Uranus im 10. Haus) kann in der *Chaotenrolle* selbstverständlich auch abgewehrt werden. Aber mit der Energie im oben genannten Beispiel könnte sich der Horoskopeigner auch mit besonderem Ehrgeiz selbst inszenieren.

Verdeckte Lebensrollen (Differenzierung)

Anpassungs-Stellungen im Horoskop innerhalb der Retter-Rolle:
➤ Einfühlungsvermögen bei Hilfeleistungen
Neigung zu illusionären Diensten

Anpassungs-Stellungen im Horoskop innerhalb der Verfolger-Rolle:
➤ idealistische Zielvorstellungen
Neigung zu versteckten Handlungen / Vorurteile

Anpassungs-Stellungen im Horoskop innerhalb der Chaoten-Rolle:
➤ instinktsicheres Auftreten
Neigung zur Konsumentenhaltung

Helfer-Stellungen im Horoskop innerhalb der Opfer-Rolle:
➤ sensible und gehorsame Zurückhaltung
Neigung zu Verwahrlosung und Depressionen

Helfer-Stellungen im Horoskop innerhalb der Verfolger-Rolle:
➤ ehrgeizige Ziele im sozialen Bereich
Neigung zur Selbstaufopferung

Helfer-Stellungen im Horoskop innerhalb der Chaoten-Rolle:
➤ Selbstdarstellung im sozialen Bereich
Neigung zu verrückten Hilfsaktionen

Zielstrebigkeits-Stellungen im Horoskop innerhalb der Opfer-Rolle:

→ zielstrebiges Auftreten innerhalb vorgegebener Verhältnisse
Neigung zu Selbstverfolgung und Schuldgefühlen

Zielstrebigkeits-Stellungen im Horoskop innerhalb der Retter-Rolle:

→ zielstrebige und konsequente Hilfe
Neigung zu aggressiver Bevormundung

Zielstrebigkeits-Stellungen im Horoskop innerhalb der Chaoten-Rolle:

→ ehrgeizige Selbstdarstellung
Neigung zu rebellischer Abwehr von Grenzen

Kreativitäts-Stellungen im Horoskop innerhalb der Opfer-Rolle:
→ schauspielerische Einfühlung
Neigung zu Ausreden und Lügen

Kreativitäts-Stellungen im Horoskop innerhalb der Retter-Rolle:
→ kreative und erfinderische Hilfe
Neigung zur Selbstüberschätzung beim Retten

Kreativitäts-Stellungen im Horoskop innerhalb der Verfolger-Rolle:

→ Verfolgung von spielerischen Zielen
Neigung zu verrückten Plänen

(Die hier angeführten Beispiele können nur einen ersten Eindruck von den möglichen Differenzierungen innerhalb der Lebensrollen vermitteln. Eine Übersicht aller verdeckten Neptun- und Uranus-Konstellationen findet der interessierte Leser in meinem Buch OPFER, RETTER, VERFOLGER UND CHAOT, Wettswil, S. 175 ff.)

Die einzelnen Rollen bekommen also durch solche Uranus- bzw. Neptun-Prägungen aus dem Hintergrund erst ihre spezielle Ausformung. Was hier für die neurotischen Rollen gesagt wurde,

gilt natürlich gleichermaßen für die gesunden Lebensgrundeinstellungen.

Der Leser möge sich bitte vor Augen halten, dass immer das
ganze Horoskop in eine Rolle bzw. in eine Lebensgrundeinstellung mitgenommen wird. Dabei übernimmt eine Rollen stiftende
Energie-Verbindung die Führung und begründet die aktuelle
Rolle (Skriptführung). Andere Energie-Verbindungen mit Neptun bzw. Uranus wirken dann als Differenzierung. Die Interpretation in der Differenzierung hat sich nach der Rolle zu richten,
die gerade aktuell gelebt wird. Dabei müssen Konstellationen,
die eigentlich eine Rolle in der Elternposition begründen, in der
Differenzierung als Kindposition interpretiert werden, wenn es
sich aktuell um eine Kindrolle handelt (Opfer oder Chaot). Das
gleiche gilt natürlich auch umgekehrt für eine Elternrolle (Retter
oder Verfolger).

So erklärt sich die widersprüchliche Interpretation des oben
angeführten Beispiels „Mond in Haus 12". In der Elternrolle
(Skriptführung) muss diese Konstellation als „fürsorgliche Hilfsbereitschaft" gedeutet werden. In der Differenzierung einer Opferrolle dagegen als „Schutzbedürftigkeit" bzw. „Verletzlichkeit".

Die mit Neptun bzw. Uranus verbundenen Energien in der
Differenzierung wirken zunächst verdeckt aus dem Hintergrund
und ermöglichen bei passender Gelegenheit den Wechsel von einer Rolle in eine andere, wie es die Transaktionsanalyse für die
Psychospiele beschreibt. Jeder Mensch hat dabei ein ganz bestimmtes Muster, wie er seine Rollen wechselt. Er spielt also immer wieder dieselben Psychospiele. Dieses Muster habe ich als
Skriptgefüge bezeichnet. Es kann aus dem Horoskop allein nicht
abgeleitet werden, sondern klärt sich nur in einem vernünftigen
Gespräch mit dem Klienten. Es ist auch für diesen nicht immer
gleich, sondern ändert sich, je nachdem, ob er sich in einem sach-
lichen Bereich (Beruf) oder in einer Beziehungssituation befindet.

Aus diesem Grund kann das Skriptgefüge bei der nachfolgen-
den Interpretation von Horoskopen nicht berücksichtigt werden.

(Eine ausführliche Beschreibung des *Skriptgefüges* findet der
interessierte Leser in meinem Buch OPFER, RETTER, VERFOLGER
UND CHAOT auf S. 53 ff.)

Begründung der Lebensrollen (Neptun)

1. Anpassung / *Opfer:*
Mars + Neptun = Defensive / *Feigheit*
Sonne + Neptun = Anpassung / *Willenlosigkeit*
Jupiter + Neptun = Vertrauen / *Leichtgläubigkeit*
Merkur + Neptun = Zuhören / *Kontaktprobleme*
Venus + Neptun = Rückzug / *Ungeselligkeit*
Uranus + Neptun = Genialität / *Selbstauflösung*

2. Hilfsbereitschaft / *Retter:*
Saturn + Neptun = Verantwortung / *Einmischung*
Chiron + Neptun = Dienst / *Arbeitsüberlastung*
Ceres + Neptun = Versorgung / *Verwöhnung*
Mond + Neptun = Bemutterung / *Überwärmung*
Pluto + Neptun = Hingabe / *Selbstaufopferung*

Begründung der Lebensrollen (Uranus)

3. Zielstrebigkeit / *Verfolgung:*
Mond + Uranus = Erziehung / *Drangsalierung*
Pluto + Uranus = Intensität / *Fanatismus*
Neptun + Uranus = Genialität / *Verrücktheit*
Saturn + Uranus = Machtstreben / *Unterdrückung*
Chiron + Uranus = Scharfsinn / *Kritiksucht*
Ceres + Uranus = Besitzstreben / *Materialismus*

4. Erfindung / *Chaotik:*
Mars + Uranus = Kampfesmut / *Wildheit*
Sonne + Uranus = Kreativität / *Selbstherrlichkeit*
Jupiter + Uranus = Unternehmungsgeist / *Leichtsinn*
Merkur + Uranus = Beredsamkeit / *Geschwätz*
Venus + Uranus = Beliebtheitsstreben / *Eitelkeit*

Ist Astrologie beweisbar?

Die Bedeutung von Neptun und Uranus
für eine genaue Interpretation

Ich erinnere mich noch an einen Briefwechsel mit dem bekannten Astrologen Peter Niehenke, der seinerzeit sehr für eine statistische Beweisbarkeit der Astrologie eintrat, in dem ich gewissermaßen kopfschüttelnd argumentierte: Das kann gar nicht funktionieren. Meine Argumente waren damals:

- die Astrologie als ganzheitliche Menschenkunde ist zu komplex für die Überprüfung einzelner Parameter

- die Freiheit des Menschen reduziert jede Statistik auf Ergebnisse, die nicht mehr signifikant sind

An der Überzeugung von der Nichtbeweisbarkeit der Astrologie habe ich lange festgehalten. Etwas amüsiert habe ich später die Studien der Gauquelins und erst recht die von Gunter Sachs zur Kenntnis genommen, die meine Skepsis nur bestätigten. Die Ergebnisse waren schließlich mager und ohnedies umstritten.

Danach fiel mir das sehr informative Buch von Dieter Koch KRITIK DER ASTROLOGISCHEN VERNUNFT in die Hände. Koch kritisiert darin die Ansätze von Gauquelin und Sachs. Er bringt aber darüber hinaus mehrere Erklärungen dafür, „warum die Statistik sich an der Astrologie die Zähne ausbeißt" (S.119 ff.). Er spricht z.b. davon, dass die astrologischen Prinzipien nicht voneinander isoliert werden können (ein Horoskop muss immer als Ganzes gedeutet werden), er verweist auf die Ambivalenz von Planetenbedeutungen (z.B. bedeutet für ihn Pluto zugleich Macht und Ohnmacht) und er beschreibt die Mehrdeutigkeit der astrologischen Symbole, die immer zugleich für unterschiedliche Daseinsbereiche (Manifestationsebenen) gelten (Saturn steht beispielsweise für körperliche Anstrengung und für Verantwortung). Schließlich erwähnt er auch die Schwierigkeit, astrologische Inhalte in allgemein verständliche Worte zu fassen.

Ich halte alle diese Ausführungen für gut nachvollziehbar und zutreffend. Es wird damit auch verständlich, dass einer Beweisbarkeit der Astrologie schon im Ansatz fundamentale Schwierigkeiten entgegenstehen. Koch selbst glaubt allerdings nicht, dass damit der Astrologie jede Möglichkeit einer Beweisbarkeit genommen wird. Er relativiert im Folgenden seine eigenen Einwände und fordert eine genauere Denkarbeit bei der Vorbereitung statistischer Untersuchungen (S. 129f).

In seinem Buch polemisiert Koch völlig berechtigt gegen das vorherrschende naturwissenschaftliche Wissenschaftsmodell, welches das Kausalitätsprinzip absolut gesetzt hat und das seiner Meinung nach unfähig ist, die Wahrheit der Astrologie zu erfassen. Er verweist dafür auf Evidenzerfahrungen von Astrologen und diskutiert in einem ausführlichen Kapitel die Möglichkeit einer „Funktionsweise der Astrologie" am Beispiel der Quantenphysik, der Relativitätstheorie und der Chaostheorie.

Ich bin in der modernen Physik nicht sachverständig genug und kann mir deshalb hier kein Urteil zutrauen. Ich denke aber, selbst wenn die Astrologie aufgrund von Gemeinsamkeiten mit der modernen Physik ein Stück Glaubwürdigkeit gewinnen könnte, so wäre das doch nur eine sehr theoretische Glaubwürdigkeit, die allenfalls philosophisch interessierte Menschen anspricht. Sie würde die Astrologen keineswegs davon entbinden, ganz nüchtern nach dem Fehler zu suchen, warum sie sich einerseits so sicher sind, dass Astrologie ganz praktisch funktioniert und andererseits bisher ein Nachweis dafür nicht erbracht werden konnte. Hierzu will ich nun im Folgenden einen eigenen Beitrag leisten.

Meine Einstellung zur Beweisbarkeit der Astrologie hat sich allmählich geändert. Ich habe das Thema zunächst nicht weiter bewusst verfolgt und mich darauf konzentriert, mein Verständnis der Astrologie zu vertiefen und Horoskope möglichst nachprüfbar zu interpretieren. Die Exaktheit, die ich im Laufe der Jahre erreicht hatte, wollte ich auch meinen Schülern handwerklich vermitteln. Und so habe ich im Unterricht schließlich sogar ein „Vokabelheft" eingeführt, in das (auf das jeweilige Horoskop bezogen) die Konstellationen mit der zutreffenden Bedeutung eingetragen werden. Astrologie war mir zu einer „Fremdsprache" geworden, die ich für erlernbar hielt. Im Spannungsfeld zwischen Intuition und Rationalität hatte ich mich mehr und mehr auf die Seite der Rationalität geschlagen.

An dieser Stelle ist mir dann bewusst geworden, dass ich damit eine Beweisbarkeit der Astrologie längst unterstellt hatte. Das war der Zeitpunkt, an dem ich mich der alten Frage wieder zuwandte. Aber ich wollte jetzt genauer wissen, was in der Astrologie beweisbar sein könnte und was nicht.

Nach meiner Erfahrung ist es nicht möglich, *vom Horoskop* auszugehen und Konstellationen zwingend auf bestimmte Deutungen festzulegen. Der wichtigste Grund scheint mir zu sein, dass der Horoskopeigner sein Horoskop immer entweder aus der Elternposition oder aus der Kindposition leben kann, so wie es die Transaktionsanalyse beschreibt. Eine Mond/Neptun-Konstellation könnte also z.B. eine fürsorgliche Hilfsbereitschaft symbolisieren (Elternposition) oder auch eine empfindliche Hilfsbedürftigkeit (Kindposition). Der Astrologe kann nicht wissen, welche Position der Horoskopeigner bevorzugt, zumal die Position sich je nach Situation ändern kann, also etwa im Beruf anders gewählt wird als in einer Beziehung.

Nun könnte man natürlich für den Versuch eines Beweises solche Ambivalenzen von vornherein in Rechnung stellen. Das schlägt auch Dieter Koch in seinem Buch vor. Aber es gibt keine Sicherheit, dass der Horoskopeigner entweder die eine oder die andere Position verwirklicht, er könnte diese Energien seines Horoskops ja auch schlicht verdrängt haben. Die Energien kommen ihm dann vielleicht von außen durch seine Umwelt entgegen oder er erlebt sie als psychosomatische Störung (in unserem Beispiel etwa als Magen-Schleimhaut-Reizung). Das kompliziert eine statistische Untersuchung ganz beträchtlich.

Berücksichtigt werden müssen außerdem auch die unterschiedlichen *Manifestationsebenen*. Das Horoskop gilt schließlich für den ganzen Menschen und der lebt nicht nur auf einer Daseinsebene. Ein Mond/Neptun-Aspekt könnte auf einer körperlich-vitalen Ebene bedeuten, dass der Horoskopeigner sich fürsorglich hegend und pflegend etwa um seine Pflanzen kümmert.

Im geistig-seelischen Bereich sorgt er für seine Familie oder z.B. als Betriebsrat für die Angestellten seiner Abteilung. Im spirituell-religiösen Bereich opfert er sich unter Umständen für kranke Mitmenschen auf. Und das ist nur jeweils *eine* Entsprechung (aus der Elternposition) für *eine* Manifestationsebene! Es wird also sehr schnell deutlich, dass die Astrologie auf diese Weise nicht bewiesen werden kann.

Für jede Konstellation des Horoskops gibt es einfach zu viele Verwirklichungen, die statistisch nicht mehr eingefangen werden können.

Es ist aber noch ein anderer Weg für die Beweisbarkeit der Astrologie denkbar, den Dieter Koch in seinem Buch ebenfalls anspricht: Er erwähnt auf S. 134f. sogenannte *Zuordnungstests*, allerdings mit großen Bedenken. Ich halte sie aber für machbar und sogar für eine realistische Möglichkeit, der Astrologie eine größere Glaubwürdigkeit zu verschaffen.

Zuordnungstests, wie ich sie mache, gehen nicht vom Horoskop, sondern von einer Person aus, genauer: von bestimmten *Charaktereigenschaften* einer Person, die bekannt sein müssen. Ich behaupte, dass es für einen Astrologen möglich sein muss, solche Eigenschaften zwingend mit bestimmten Konstellationen des Horoskops in Verbindung zu bringen. So lasse ich z.B. im Unterricht mit fortgeschrittenen Schülern, wenn ein Horoskop interpretiert werden soll, zunächst die erwartete Energie-Verbindung benennen und anschließend im Horoskop aufsuchen.

An dieser Stelle ist es nun angebracht, etwas konkreter zu werden. Die Metagnose, die ich vorschlage, ist schließlich nicht neu, und sie hat leider für die Beweisbarkeit der Astrologie bisher nicht die Ergebnisse gebracht, die sich die Astrologen gewünscht haben. Hierfür muss es einen Grund geben.

Ich bitte hier den Leser um eine gehörige Portion Toleranz, denn die Erklärung, die ich für diesen Missstand anzubieten habe, ist für Astrologen nicht sehr schmeichelhaft. Kurzum, ich behaupte, die Psychologische Astrologie, wie sie allgemein gelehrt wird, ist einfach nicht präzise genug! Wenn Astrologen einerseits in Beratungen immer wieder von Evidenzerlebnissen berichten und andererseits ein wissenschaftlich nachprüfbarer Beweis für Zuordnungen bisher nicht gelungen ist, können doch nur entweder die Evidenzerlebnisse nicht stimmen oder die Astrologie ist zu ungenau.

Ich behaupte das Letztere und bringe hier ein typisches Beispiel: Die Gauquelins haben den Erfolg und die Leistungsfähigkeit an der Marsposition im Horoskop untersucht und sind zu dem Ergebnis gekommen, dass bei Spitzensportlern der Mars signifikant häufig am AC oder MC steht. Warum aber nicht bei anderen Erfolgsmenschen? Ich würde sagen, weil der Mars mit Erfolg nichts zu tun hat. Er zeigt die Bereitschaft zu Durchsetzung und Wettbewerb an, der natürlich bei Leistungssportlern im besonderen Maße gegeben sein muss. Für Leistung und Erfolg stehen ganz andere Energien.

Ja natürlich, werden die meisten Astrologen mir beipflichten, das ist der Saturn. Ich würde aber entgegnen, der Saturn allein kann es nicht sein. Saturn (Steinbock-Zeichen und das Haus 10) stehen nur für Pflichterfüllung. Ein Beamter z.B. kann mit einer Saturnbetonung sehr zuverlässig seinen Dienst absolvieren. Aber er wird damit keine Karriere anstreben. Wenn es um Leistung und Erfolg geht, will der Horoskopeigner etwas Besonderes zur Pflicht hinzufügen und damit geht es um die Verbindung von Saturn mit Uranus (Wassermann-Zeichen und das Haus 11), der den Saturn gewissermaßen unter Strom setzt. Ehrgeiz, Fleiß und Karrierestreben sind immer eine Verbindung der Energien von Steinbock und Wassermann bzw. der entsprechenden Energien nach dem Astrologischen Alphabet. Saturn braucht die Erregung des Wassermannes, sonst wird aus Pflichterfüllung kein Ehrgeiz. Ich würde hier überhaupt keine Ausnahme erwarten. Bei besonders erfolgreichen Mitmenschen muss sogar eine Mehrfachbetonung dieser Energien im Horoskop vorliegen oder eine zusätzliche Verstärkung durch Pluto. Pluto (Skorpion-Zeichen und Haus 8) befestigt eine Energie-Verbindung und kann sie dadurch extrem betonen, manchmal bis hin zum Fanatismus.

Im Horoskop gibt es außerdem eine Energie, die Wassermann und Skorpion in sich vereinigt. Das ist die Energie von Lilith, die als Apogäum der Mondumlaufbahn einen extrem eigenwilligen Drang symbolisiert (Mond, Uranus, Pluto), den man auch mit „Leidenschaft" übersetzen kann. Lilith im Zusammenhang mit der Steinbock-Energie steht damit ebenfalls für Ehrgeiz, Leistung und Erfolg.

Der Leser wird mir (nach diesem Beispiel) vielleicht zustimmen, dass niemand bei statistischen Untersuchungen mit richtigen Ergebnissen rechnen kann, wenn er nur mit Saturn nach Leistung und Erfolg im Horoskop sucht. Astrologen denken hier leider nicht genau genug und diese Ungenauigkeit ist meiner Meinung nach immer der Grund, warum es bisher nicht gelungen ist, unsere Disziplin glaubwürdiger zu machen.

Die Psychologische Astrologie muss wohl an vielen Stellen nachgebessert werden, die ich hier nur andeuten kann: Ich arbeite z.B. mit 12 Planeten und nehme für die Jungfrau-Energie den Kleinplaneten Chiron und für die Stier-Energie den Asteroiden Ceres. Damit habe ich auch auf der Planetenebene ein 12er-System etabliert. Neben Lilith (übrigens nach der Ephemeride von Dieter Koch) verwende ich gleichberechtigt das Mond-Perigäum Priapus als extrem sensiblen Punkt (Mond, Neptun, Pluto).

Ich habe außerdem versucht, die Tierkreis-Energien, die sich in einem Yang-Yin-Rhythmus abwechseln, von den Interpretationen zu reinigen, die nicht zu dem jeweiligen Yang- oder Yin-Charakter passen. Das trifft insbesondere auf Eigenschaften zu, die den Zeichen Schütze (Gerechtigkeit, Bildung, Moral, Spiritualität), Wassermann (Humanität, Freundschaft, soziale Interessen) und Waage (Liebe) zugesprochen werden.

Neptun und Uranus haben für mich darüber hinaus noch eine besondere Funktion: Sie sind die zwei Schalter, die zusammen mit den Yang- und Yin-Energien das Horoskop in vier neurotische Rollen strukturieren (Transaktionsanalyse), nämlich in die Rollen von Opfer, Retter, Verfolger und Chaot (Narziss) bzw. in die hinter diesen Rollen stehenden gesunden Lebensgrundeinstellungen von Anpassung, Hilfe, Zielstrebigkeit und Selbstdarstellung (Erfindung).

Im folgenden zweiten Teil dieses Buches will ich die Beweisbarkeit der Astrologie am Beispiel bekannter Persönlichkeiten belegen. Es handelt sich dabei um herausragende Persönlichkeiten in ganz unterschiedlichen gesellschaftlichen Bereichen. Wir finden bei ihnen z.B. immer die Verbindung von Saturn, Uranus und Pluto bzw. vergleichbare Energien und müssen uns dabei gar nicht mit einer relativen statistischen Häufigkeit begnügen. Diese Energien stehen für Ehrgeiz und Erfolg (Elternposition), aber auch für Sturheit und Rebellion (Kindposition).

Es gibt nur ganz wenige Ausnahmen, für die sich aber immer auch eine plausible Erklärung finden lässt. Ein Beispiel stellt Papst Benedikt XVI. dar. Er hat einen nicht aspektierten Saturn und besitzt nach eigenen Angaben keinen Drang, Karriere zu machen. In der katholischen Kirche zählt aber auch ein solcher Drang nicht. Gefragt ist, neben wissenschaftlichen Qualitäten, vor allem Gehorsam gegenüber der Tradition. Und der jetzige Papst hat im Horoskop ein Großes Trigon zwischen Sonne, Neptun und MC - eine geradezu klassische Stellung für Gehorsam (Anpassung = Neptun, Autorität und Tradition = MC und Wille = Sonne).

Meiner Meinung nach ist ein solcher Zuordnungs-Test durchaus ein Beweis für die Glaubwürdigkeit der Astrologie, denn eine Trefferquote von nahezu 100% kann niemand dem Zufall zuschreiben. Was ich hier am Beispiel von Ehrgeiz, Leistung und Erfolg nachgewiesen habe, würde ich in ähnlich zwingender Form für andere Charaktereigenschaften behaupten: Euphorie ist z.B. eine Verbindung von Mond, Jupiter und Uranus, Depression kommt von Mond, Saturn und Neptun, Stolz von Sonne, Mond (Mondknoten) und Uranus, Beleidigt-Sein von Sonne, Mond (Mondknoten) und Neptun, Kritik und Rechthaberei stammen von Chiron (Jungfrau), Uranus und Pluto, Gerechtigkeit von Venus, Chiron und Neptun, Vertrauen (Glaube) ist eine Verbindung von Jupiter und Neptun, ein Star stützt sich auf die Energien von Sonne, Venus, Jupiter und Uranus usw..

Der Ausgangspunkt ist immer die bekannte Charaktereigenschaft. Das Horoskop muss die Möglichkeit für diese Charaktereigenschaft enthalten, das ist der Beweis. Die Voraussetzung dafür, dass er gelingt, ist aber eine verbesserte Psychologische Astrologie. Dabei habe ich immer wieder festgestellt, dass Uranus und Neptun die entscheidende Rolle für die Interpretation eines Horoskops spielen.

Teil 2: Interpretationsbeispiele

Der Dalai Lama

Der Dalai Lama wurde am 6. Juli 1935 in Taktser (Nordost-Tibet) geboren. Er ist nach Auffassung des Tibetischen Buddhismus die 14. Inkarnation des Bodhisattva Avalokiteschwara. Seit 1642 steht eine solche Inkarnation mit dem Titel Dalai Lama an der Spitze der Mönchsrepublik mit der Hauptstadt Lhasa. Er ist gleichzeitig der Führer einer buddhistischen Richtung in Tibet, gilt als „Gott-könig" und wird mit „Seine Heiligkeit" angesprochen.

1939 erkannte eine Delegation höchster Lamas den Bauernsohn Tenzin Gyatso offiziell als die Reinkarnation des verstorbenen 13. Dalai Lama an. Nach entsprechender religiöser Unterweisung wurde er am 22. Februar 1940 inthronisiert. Seine weitere geistli-che und weltliche Ausbildung in zahlreichen Klöstern schloss er 1959 mit dem Doktorgrad in Buddhistischer Philosophie ab.

Nach dem Einmarsch der Volksrepublik China im Herbst 1950 verlor Tibet seine Unabhängigkeit. Es kam immer wieder zu Aufständen, die von China brutal niedergeschlagen wurden. Der Dalai Lama versuchte 1954 vergeblich mit der chinesischen Füh-rung zu verhandeln. Als die Aufstände 1959 ihren Höhepunkt erreichten, gelang dem Dalai Lama die abenteuerliche Flucht aus dem umzingelten Sommerpalast in Lhasa über die Berge nach Nord-Indien, wo er in Dharamsala eine Exil-Regierung aufbaute.

Fortan informierte er als Staatsoberhaupt im Exil auf zahlrei-chen Reisen über die tibetische Frage und wurde zu einem Hoff-nungsträger der entwurzelten Tibeter in aller Welt. Er rief die Ti-beter in seiner Heimat immer wieder zu gewaltlosem Wider-stand auf und ergriff auch mit Entwürfen die Initiative für die innere Umgestaltung Tibets. Er gewann mit seiner freundlichen

Art zwar viele Sympathien, aber eine wirkliche Unterstützung, geschweige denn Anerkennung, wurde seiner Regierung mit Rücksicht auf China nicht zuteil.

Gleichzeitig praktizierte der Dalai Lama das Leben eines buddhistischen Mönchs, widmete sich der Meditation und der religiösen Lehre, erhielt sogar einen Lehrauftrag an der amerikanischen Harvard-Universität und veröffentlichte Schriften zur buddhistischen Philosophie.

1989 erhielt der Dalai Lama vom Osloer Komitee den Friedens-Nobelpreis. Es begründete die Wahl mit dessen konstruktiven und vorausschauenden Vorschlägen bei der Lösung internationaler Konflikte, Menschenrechtsfragen und globalen Umweltschutzproblemen.

Im August 1990 erklärte der Dalai Lama, nicht für alle Zukunft das politische Oberhaupt der Tibeter sein zu wollen. Er veranlasste eine Verfassungsänderung, die aus dem exiltibetischen Parlament eine Volksversammlung machte und bemühte sich um einen Dialog mit China.

Er unternahm Reisen in alle Teile der Welt, besonders oft in die Hauptstädte Europas und den USA, nahm auch Kontakt zu den Führern anderer Religionen auf und traf sich zwischen 1980 und 1991 fünfmal mit dem Papst Johannes Paul II. im Vatikan zu einem Gedankenaustausch.

In seinen Gesprächen und Reden hielt er an seiner Einstellung fest, dass eine Lösung der Tibet-Frage nur gewaltfrei auf dem Wege von Verhandlungen erreicht werden könne.

Das bescheidene und charismatische Auftreten und die Betonung der Menschenrechte und der Gewaltlosigkeit zur Lösung der Tibet-Frage machten den Dalai Lama zu einem bewunderten Politiker. Er wurde von zahlreichen Staatsoberhäuptern empfangen und konnte seine Ansichten vor westlichen Parlamenten darlegen, was regelmäßig zu Protesten von Seiten Chinas führte.

Seine Popularität als Politiker im Mönchsgewand löste auch ein großes Interesse am Buddhismus in der westlichen Welt aus. Im Oktober 1998 sprach der Dalai Lama in der Lüneburger Heide beim bis dahin größten Buddhisten-Treffen in Deutschland vor 10.000 Teilnehmern über „Buddhas Weg zum Glück".

Zu heftigen Protesten in Tibet kam es erneut im März 2008 am 49. Jahrestag des Aufstandes von 1959. Als Drahtzieher beschuldigte China den Dalai Lama als „Wolf im buddhistischen Schafspelz". Der Dalai Lama betonte erneut die Bereitschaft seines Volkes, innerhalb der Volksrepublik China bleiben zu wollen, wenn den Tibetern kulturelle und religiöse Autonomie gewährt werde. Im März 2011 erklärt der Dalai Lama seine Absicht, als Oberhaupt der tibetischen Exilregierung abzutreten. Er bleibt aber der religiöse Führer und Lehrer seines Volkes.

Das Horoskop des Dalai Lama

Das Bild des Dalai Lama in der Öffentlichkeit ist das eines freundlichen, verbindlich lächelnden Mönchs, der sehr sympathisch und mit großer Ausstrahlung für sein Land Tibet wirbt. Im Horoskop finden wir die Sonne im Krebs-Zeichen in der Nähe des Krebs-Aszendenten mit genauem Halbquadrat zur Venus, den Mars in der Waage, den Merkur mit Sextil zur Venus und den aufsteigenden Mondknoten mit einem weiten Quadrat zum Waage-Mars. Diese Konstellationen erklären das gewinnende Wesen des Horoskopeigners und zugleich die Verbundenheit mit seiner Heimat (Krebs, Mondknoten).

Die unbedingte Treue zur Heimat wird aber vor allem durch die Position des Pluto im Krebs-Zeichen am absteigenden Mondknoten mit Anderthalbquadrat zu Saturn symbolisiert. Das kleine Trigon (Talentdreieck) zwischen Sonne, Mond und Jupiter im Skorpion fügt der Treue das Element des Engagements hinzu, was in der Praxis auf ein großes Reisepensum (Jupiter) hinausläuft, um in der Weltöffentlichkeit das tibetische Problem wachzuhalten.

Mit der geschlossenen Aspektfigur Priapus (Mond, Neptun, Pluto) im Wassermann mit Trigon zum Waage-Mars (Opfer-Rolle) und Halbsextil zum Fische-MC (bedeutet in der Differenzierung Haltlosigkeit) wird einerseits die politische Ohnmacht symbolisiert, die den Dalai Lama in seiner Führungsposition (Sonne am AC) charakterisiert.

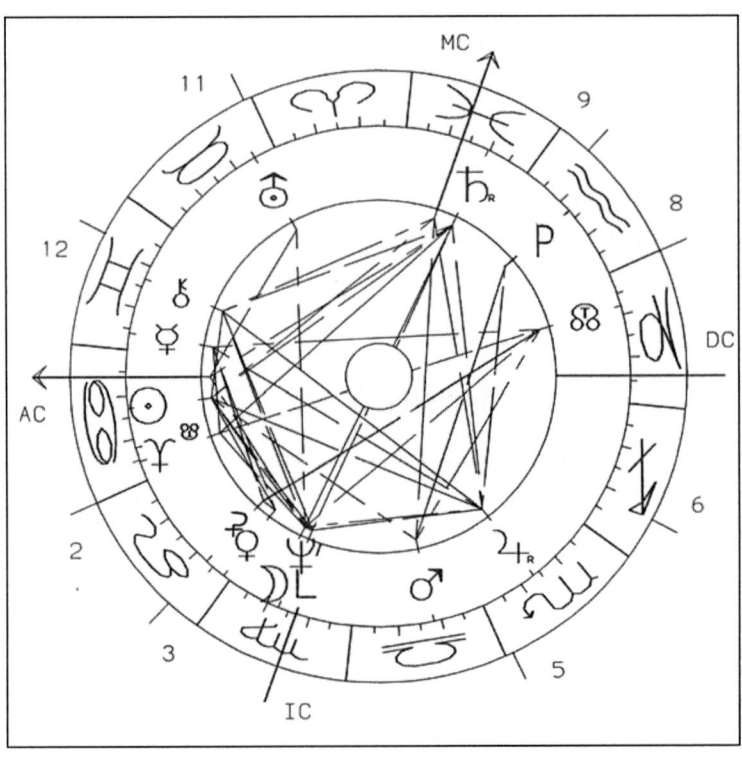

Abbildung 7: Dalai Lama, 6. Juli 1935 um 4.34 Uhr in Tengster (Tibet)

Mit der geschlossenen Aspektfigur Priapus (Mond, Neptun, Pluto) im Wassermann mit Trigon zum Waage-Mars (Opfer-Rolle) und Halbsextil zum Fische-MC (bedeutet in der Differenzierung Haltlosigkeit) wird einerseits die politische Ohnmacht symbolisiert, die den Dalai Lama in seiner Führungsposition (Sonne am AC) charakterisiert. Es wird andererseits auch deutlich, dass der Dalai Lama mit einer gewissen Erregung (Wassermann) für Gewaltlosigkeit (Priapus Trigon Mars) eintritt. Seine Friedfertigkeit in der Politik wird zusätzlich durch die Stellung von Saturn und MC in den Fischen angezeigt. Die Position des Priapus zwischen Haus 8 und 9 verweist außerdem auf ein Engagement, das aufgrund der Verbindung der neptunischen (Priapus) mit der wassermännischen Energie ganz ungewöhnliche Qualitäten besitzen

66

muss, was in diesem Fall durch die Spiritualität (Priapus Quadrat Jupiter) eines buddhistischen Mönchs gegeben ist.

Ceres (Stier) im Löwen verweist auf einen Führer, der seine Herrschaft auf Lebenszeit (Ceres) ausübt. Der Kleinplanet befindet sich an der Spitze von Haus 3 in einer Konjunktion zur Venus und mit einem Sextil zu Merkur, und bildet zusammen mit den beiden Quinkunxen zum aufsteigenden Mondknoten im Steinbock eine Jod-Figur. Diese Konstellation beschreibt als grundlegende Orientierung die geduldige diplomatische Kommunikation, die der Dalai Lama als Botschafter (Haus 3) seiner Heimat (Mondknoten) mit großer Verantwortung (Steinbock) führt.

Einen erregten Kampf um den Besitz von Autonomie symbolisiert ferner der Uranus im Stier Spitze 11 mit einem Sextil zum Krebs-AC. Das Große Trigon zwischen Sonne, Jupiter im Skorpion und Saturn/MC in den Fischen zeigt dann allerdings die Vergeblichkeit des Engagements (Jupiter im Skorpion). Bei aller Sympathie, die der Dalai Lama in der Welt auf sich lenken kann, bleibt er doch auf verlorenem Posten (Saturn/MC in Fische).

Die Konstellation Uranus im Stier Spitze Haus 11 kann aber auch so gelesen werden, dass der Dalai Lama eine materialistische Weltsicht ablehnt und in Verbindung mit Saturn und MC in den Fischen auf eigenen Besitz verzichtet. (Rebellion als Differenzierung in der Kindposition)

Durch die geschlossene Aspektfigur von Pluto mit Anderthalbquadrat auf Saturn in den Fischen sowie dem Halbquadrat auf Lilith (Mond, Uranus, Pluto) und Neptun wird die Herrschaft (Opposition von Saturn und Lilith) eines Mönchs (Saturn mit Opposition Neptun) angesprochen, wie sie für das Land Tibet Jahrhundertelang typisch gewesen ist. Der Dalai Lama ist nicht nur das politische Oberhaupt, sondern zugleich der Führer einer wichtigen religiösen Gruppierung.

Die beiden Halbsextile zwischen Pluto und Merkur in den Zwillingen sowie Pluto und Ceres/Venus im Löwen erklären, dass der Horoskopeigner als Führer seines Volkes grundlegend (Pluto) auf das diplomatische (Venus) Gespräch setzt, um seine Ziele zu erreichen. Mit Chiron (Jungfrau) in den Zwillingen wird darüber hinaus auch deutlich, dass es ihm vor allem um Erklärungen und Belehrungen geht, was natürlich auf seine Stellung als buddhistischer Mönch verweist.

Die auffallende Konjunktion zwischen Neptun und Lilith im Jungfrau-Zeichen, die die beiden größten Gegensätze im Tierkreis, nämlich die Energien von Wassermann und Fische, in einen unmittelbaren Zusammenhang bringt, zeugt von einer ungewöhnlichen Begabung als Lehrer (Jungfrau). Es kann auch die Fähigkeit angesprochen sein, die Verinnerlichung, also die Meditation (Fische) zu lehren. Auch moralische Überzeugungen, wie sie im Buddhismus für die Ausübung meditativer Praktiken grundlegend sind, werden durch diesen Energiekomplex beschrieben. Für einen im Buddhismus verwurzelten Menschen kann es sich auch um die „Lehre von der Leere" (Fische/Wassermann) handeln, denn Buddhisten sind davon überzeugt, dass die Phänomene dieser Welt keine eigene Existenz besitzen, sondern ihr Entstehen einem gegenseitigen Abhängigkeitsverhältnis verdanken.

Die Position von Chiron in Haus 12 zeigt darüber hinaus die Sanftheit und Gewaltlosigkeit der buddhistischen Lehre, was durch das Stellium von Neptun, Lilith und Mond in der Jungfrau im Quadrat zu Chiron und in Opposition zu Saturn in den Fischen noch einmal unterstrichen wird. Mit dem Quinkunx zwischen Chiron und Jupiter werden nicht nur die Reisen und Lehrtätigkeiten im Ausland angesprochen, sondern auch die zahlreichen Buchveröffentlichungen, mit denen der Horoskopeigner sein Wissen (Zwillinge) über den Buddhismus verbreitet (Jupiter) hat. Durch Chiron in Haus 12 im Quadrat zur Lilith in der Jungfrau (Lebensgrundeinstellung der Zielstrebigkeit) sowie Jupiter mit Anderthalbquadrat zu Merkur konnte der Dalai Lama zu einem international geschätzten Lehrer werden.

Der Mond in Konjunktion zu Neptun symbolisiert die fürsorgliche Hilfsbereitschaft, die dem Dalai Lama als Lehrer eigen ist. Politisch gesehen kann die Verbindung von Mond, Lilith, Neptun und Saturn in den Fischen aber auch den gewaltsamen (Lilith) Verlust (Saturn in den Fischen Opposition Neptun) der Heimat (Mond) bedeuten, wodurch der Horoskopeigner erst zu dem weltweit (Jupiter) tätigen Lehrer (Chiron) geworden ist.

Hier hat der Dalai Lama die Verfolger-Rolle nicht selbst gelebt, sondern er hat sie erlitten.

Das Steinbockprinzip wird im Horoskop auf vierfache Weise mit der Fische- und Krebsenergie verbunden: Saturn befindet sich zusammen mit dem MC in den Fischen, Priapus (Mond, Neptun, Pluto) hat ein genaues Halbsextil zum MC und Saturn steht in Opposition zu Neptun neben dem Mond an der IC-Achse. Diese Energien werden durch den Spannungsaspekt zu Pluto im Krebs zusätzlich radikalisiert. Sie symbolisieren sowohl Einsamkeit als auch Verzicht (Differenzierung in der Lebens-grundeinstellung der Anpassung), die für das Leben eines Mönchs konstitutiv sind, sowie die Disziplin in der Stille der Meditation, aus der der Dalai Lama die Kraft schöpft, als Lehrer des Buddhismus unermüdlich (Ceres) tätig zu sein.

Die Oppositionsachse zwischen Neptun, Lilith, Mond und Saturn bezeichnet darüber hinaus auch große Ängste (Differenzie-rung in der Kindposition), die in Einsamkeit vom Horoskopeigner bestanden werden mussten, ehe der Dalai Lama zu dem besonderen Lehrer werden konnte, wie es ihm im Horoskop vorgezeichnet ist. Durch seine Verankerung in der buddhistischen Religion war es ihm wohl auch möglich, nicht in einer tiefen Depression zu versinken, die durch diese Energien ebenfalls ausgedrückt wird.

Auffallend im Horoskop des Dalai Lama sind die Quinkunx-Aspekte, von denen es vier gibt. Quinkunxe bezeichnen immer eine grundlegende Orientierung, die dem Horoskopeigner gelingen muss, wenn sich seine Persönlichkeit nicht spalten soll. Der Quinkunx zwischen Mars in der Waage und dem MC in den Fischen beschreibt die Verbindung von Freundlichkeit und Ohnmacht. Die beiden Quinkunxe zwischen aufsteigendem Mondknoten und Merkur bzw. Ceres erklären seine geduldige (Ceres) Kommunikation, mit der er sich für den Erhalt (Ceres) seiner Heimat (Mondknoten) einsetzt, womit die tibetische Kultur gemeint ist.

Der Quinkunx zwischen Jupiter im Skorpion in Haus 5 und Chiron in den Zwillingen in Haus 12 verbindet die Lehrtätigkeit (Chiron in Haus 12) mit dem Engagement (Jupiter im Skorpion) als Führer (Haus 5). Da gleichzeitig Chiron mit der Krebs-Sonne durch ein Halbsextil verbunden ist und die Sonne sowie Jupiter mit dem Stellium Mond, Neptun und Lilith in der Jungfrau eine geschlossene harmonische Aspektfigur (Kleines Trigon) bilden, muss der Dalai Lama demnach ständig versuchen, den Spagat zwischen der Existenz eines buddhistischen Mönchs und Lehrers und dem Amt eines Botschafters für sein Land Tibet zu leben.

Die Sympathien, die ihm überall entgegengebracht werden, beruhen wohl nicht zuletzt auf dieser seltenen Position eines Politikers im Mönchsgewand. Die Eigenschaften von Klugheit, Ehrlichkeit, Bescheidenheit und Freundlichkeit, die der Horoskopeigner verkörpert und die in dieser Verbindung so untypisch für moderne Politiker geworden sind, machen den Horoskopeigner zu einer Ausnahmeerscheinung, die auch ein wenig an Mahatma Gandhi erinnert. Vielleicht ist es die praktische Machtlosigkeit, die es dem Dalai Lama ermöglicht, im politischen Umfeld als moralischer Mahner aufzutreten. Seine Exilregierung in Dharamsala wurde bisher von keinem Staat anerkannt. So braucht sie auch nicht zu versuchen, durch Kompromisse und Zugeständnisse im Tagesgeschäft kleine Verbesserungen zu erreichen und dabei über große Ungerechtigkeiten den Mantel des Stillschweigens zu breiten. Auch der Dalai Lama selbst muss keine nennenswerten Rücksichten als aktiver Regierungschef nehmen und kann als lehrender Mönch durch die Welt reisen, als Botschafter der Gewaltlosigkeit und der Verständigung zwischen den Religionen und als Symbol des Unrechts, das seinem Land Tibet angetan wurde.

Johann Wolfgang von Goethe

Johann Wolfgang von Goethe wurde am 28. August 1749 in Frankfurt (M) geboren. Der Vater hatte ein Vermögen geerbt und konnte sich deshalb ganz der Erziehung seines Sohnes widmen. Auf Wunsch seines Vaters studierte er von 1765 bis 1768 in Leipzig Rechtswissenschaften. Hier besuchte er jedoch auch literaturgeschichtliche und philosophische Vorlesungen bei Gottsched und Gellert und nahm Zeichenunterricht. Er verliebte sich in die Tochter seiner Wirtsleute Käthchen Schönkopf. Die Leipziger Jahre endeten mit einer lebensbedrohlichen Krankheit und der Rückkehr ins Elternhaus.

Er nahm in Straßburg seine juristischen Studien wieder auf und schloss sie 1771 mit dem Lizenziaten der Rechte ab. Hier wurde er auch mit Herder bekannt und beschäftigte sich u.a. mit den Schriften Rousseaus. Faszinierend wirkte auf ihn durch das Straßburger Münster die gotische Architektur. Das Liebesverhältnis mit der Pfarrerstochter Friederike Brion schlug sich in zahlreichen Gedichten nieder.

Nach der Rückkehr eröffnete Goethe 1771 in Frankfurt eine Kanzlei und wurde 1772 Rezensent der „Frankfurter Gelehrten Anzeigen", des bedeutendsten publizistischen Organs des Sturm und Drang. Zum Abschluss seiner juristischen Ausbildung ging er im Sommer desselben Jahres als Referendar nach Wetzlar an das dortige Reichskammergericht. Die unerfüllte Liebe zu Charlotte Buff, der Braut eines Juristenkollegen, inspirierte ihn zu dem Roman „Die Leiden des jungen Werther", der Goethe mit einem Schlag berühmt machte.

Nach mehreren Reisen und nachdem er seine Verlobung mit der Bankierstochter Lili Schönemann gelöst hatte, übersiedelte Goethe 1775 auf Einladung des jungen Herzogs Karl-August nach Weimar. Goethe stieg bald zu einem hohen Staatsbeamten auf mit dem Titel „Geheimer Rat". Er wurde Leiter der Finanzkammer und übernahm auch die Oberaufsicht über den Ilmenauer Bergbau, was sein Interesse an mineralogischen Studien weckte. Das 1782 bezogene Haus am Frauenplan wurde zu einem Anziehungspunkt vieler prominenter auswärtiger Besucher.

Unter dem Einfluss Charlotte von Steins löste sich Goethe vom rigorosen Subjektivismus des Sturm und Drang und setzte an seine Stelle das klassische Ideal von einer gemeinschaftsdienlichen Humanität (Iphigenie auf Tauris, Egmont, Torquato Tasso). In dieser Zeit entstanden auch zahlreiche Gedichte, die der Naturlyrik zuzurechnen sind („Wanderers Nachtlied") und die Ballade „Erlkönig". Mit Herder zusammen betrieb er botanische Studien.

Im Herbst 1786 trat Goethe seine erste Italienreise an, um sich den als drückend empfundenen Verpflichtungen des Weimarer Hofes zu entziehen. Er hielt sich hauptsächlich in Rom auf, wo er Beziehungen zu dort lebenden deutschen Malern und Dichtern knüpfte. Während seines Italienaufenthalts interessierte sich Goethe besonders für die antike Bildhauerkunst und bemühte sich um die Vervollkommnung seiner zeichnerischen Fähigkeiten. Er erlebte diese Reise nach eigenen Angaben wie eine „Wiedergeburt".

Im Juni 1788 kehrte er nach Weimar zurück und ließ sich von fast allen seinen Regierungsämtern entbinden. Kurz darauf lernte er Christiane Vulpius kennen, die ihn in ihrer natürlichen Sinnlichkeit an die in Italien verbrachte Zeit erinnerte. Es kam zum Bruch mit Charlotte von Stein. Auch die Weimarer Gesellschaft stand dieser Verbindung ablehnend gegenüber.

1789 wurde sein Sohn August geboren. Ein Jahr später veröffentlichte er die Erstfassung des Faust und reiste ein zweites Mal nach Italien, um die Herzoginmutter Anna Amalia von dort nach Weimar zurückzubegleiten. Die zweite Italienreise stand im Zeichen von Kunst- und Naturstudien und war weniger durch Euphorie geprägt.

1794 gewann Schiller Goethe als Mitarbeiter für die geplante Zeitschrift DIE HOREN. Die beiden Dichter führten über ein Jahrzehnt einen intensiven Briefwechsel. Schiller war auch ein häufiger Gast in Goethes Haus am Frauenplan. Das gemeinsame Wirken erstreckte sich auf gegenseitige Beratung bei literarischen Projekten wie Goethes Roman „Wilhelm Meisters Lehrjahre" und Schillers Brieffolge „Über die ästhetische Erziehung des Menschengeschlechts". In der Zusammenarbeit der beiden Dichter entwickelte sich der an Antike und Renaissance orientierte Stil der „Weimarer Klassik", wobei Goethe die Objektivität der wissenschaftlichen Naturbetrachtung einbrachte, Schiller dagegen die kritische Sittlichkeitslehre Kants. Schiller blieb für Goethe die wichtigste Bezugsperson bis zu seinem Tod 1805.

Von 1801 bis 1802 erlebte Goethe eine schwere Krankheit, die ihn an den Rand des Todes brachte. Er wurde von seiner Lebensgefährtin Christiane Vulpius aufopfernd gepflegt.

1806 heiratete Goethe Christiane Vulpius, nachdem sie sein Leben und Gut vor marodierenden französischen Soldaten gerettet hatte. In den folgenden Jahren ließ er sich durch Achim von Arnim und Clemens Brentano zur Beschäftigung mit der Volkspoesie und dem deutschen Mittelalter anregen. Sein Verhältnis zur Romantik war aber ambivalent und führte schließlich zum Bruch mit dieser Stilrichtung. Andererseits war Goethe in seinem Gefühl romantisch genug, um eine heftige Zuneigung zu Wilhelmine Herzlieb zu entwickeln, der er in der Gestalt der Ottilie in dem Roman „Die Wahlverwandtschaften" ein Denkmal setzte. Hier thematisierte er den Konflikt zwischen individuellem Lebensplan und sozialer Pflicht am Beispiel der bürgerlichen Ehe.

1808 traf Goethe auf dem Erfurter Fürstenkongress mit Napoleon zusammen, den er als genialen Staatsmann einschätzte. Den ihm von Napoleon verliehenen Orden trug er mit Stolz. Zur Französischen Revolution hatte Goethe kein Verhältnis gefunden. Weitere Betätigungsfelder dieser Lebensphase waren Studien zur Farbenlehre und zur Kunst des Mittelalters.

Von Mai bis Oktober unternahm Goethe eine ausgedehnte Reise durch das Rhein-, Main- und Neckargebiet, auf der er mit zahlreichen Persönlichkeiten des politischen und geistigen Lebens Bekanntschaft schloss. Zum zentralen Ereignis wurde jedoch die Begegnung mit Marianne von Willemer, der Tochter eines Frankfurter Bankiers, die Goethes spontane Neigung leidenschaftlich erwiderte. Diese Liebe fand literarischen Niederschlag im Buch „Suleika" des West-Östlichen Divan.

1816 starb Goethes Frau Christiane Vulpius. Die letzte Liebe des alternden Dichters galt der neunzehnjährigen Ulrike von Levetzow, die er 1823 bei einem Kuraufenthalt in Marienbad kennenlernte. Goethe ließ der jungen Ulrike vergeblich durch den Herzog Karl-August einen Heiratsantrag machen. Diese unglückliche Liebe wurde in der „Marienbader Elegie" verarbeitet.

Mit fortschreitendem Alter zog sich Goethe vom literarischen Betrieb und vom Weimarer Gesellschaftsleben zurück. 1827 legte er die Leitung des Hoftheaters nieder. Er widmete sich seiner umfangreichen naturkundlichen Sammlung und ordnete seine Werke in einer Gesamtausgabe, die 1827 bis 1830 bei Cotta erschien. Das ausgehandelte Honorar von 60.000 Talern belegt Goethes Geschäftssinn.

Wichtige Begleiter der letzten Jahre wurden seine Sekretäre Riemer und Eckermann, der später seine „Gespräche mit Goethe" herausgab. Goethe starb am 22. März 1832 in seinem Haus am Frauenplan und wurde an der Seite Schillers in der Weimarer Fürstengruft beigesetzt.

Das Horoskop von Goethe

Goethe entstammte einem bürgerlichen, gut situierten Elternhaus und wurde sorgfältig von seinem Vater und von Hauslehrern erzogen. Er blieb zeitlebens von materiellen Sorgen verschont und stand seit seinem Studium im ständigen Kontakt mit der europäischen Geisteselite. Auch war ihm ein ungewöhnlich langes Leben beschieden. All das trug dazu bei, dass Goethe die Muße und Gelegenheit hatte, seine vielen Talente, die in seinem Horoskop angelegt sind, entwickeln zu können. Um alle seine Schaffensperioden zu charakterisieren, müsste der Astrologe auch die entsprechenden Progressions- und Transit-Stellungen berücksichtigen. Hier soll lediglich das Geburtshoroskop interpretiert werden, das Auskunft über die Grundbegabungen des Horoskopeigners gibt.

Die beherrschende Konstellation im Radixhoroskop von Goethe ist die fast exakte Opposition von Lilith (Mond, Uranus, Pluto) und Priapus (Mond, Neptun, Pluto). Lilith als extrem uranischer und Priapus als extrem neptunischer Punkt der Mondumlaufbahn symbolisieren in dieser seltenen Oppositionsstellung eine ganz ungewöhnliche Veranlagung des Horoskopeigners: Sie erklären damit sowohl seine unbestreitbare Genialität im dichterischen und auch naturwissenschaftlichen Schaffen wie auch seine Unkonventionalität in seinen Gefühlserlebnissen und Liebesabenteuern.

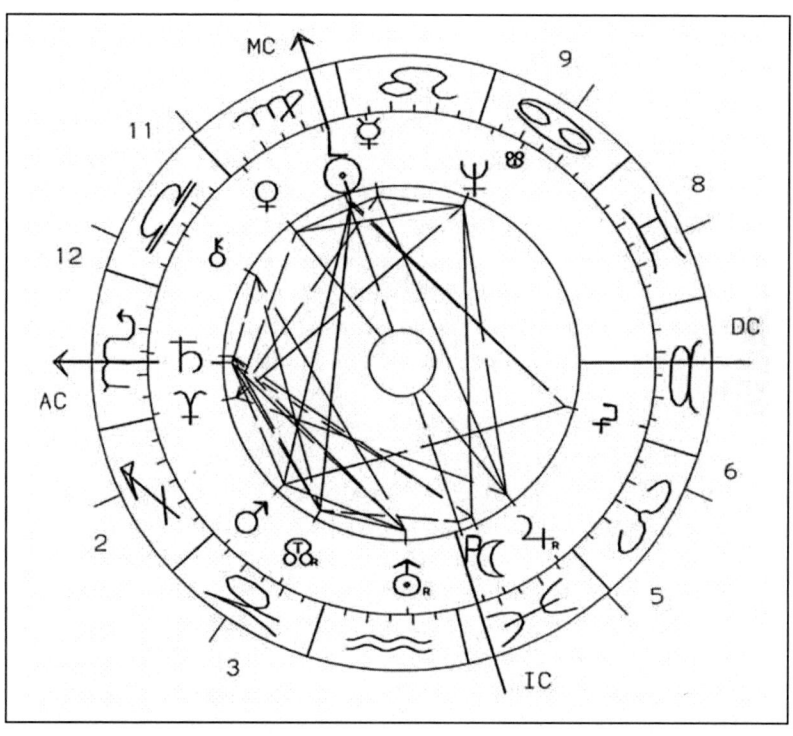

Abbildung 8: *Johann Wolfgang von Goethe. 28. August 1749 um 12.00 Uhr in Frankfurt (M)*

Die Konstellation von Priapus neben dem Mond in den Fischen am IC und im Anderthalbquadrat zu Neptun im Krebs-Zeichen verleiht Goethe eine außerordentliche intuitive Kraft (Differenzierung in der Lebensgrundeinstellung der Anpassung), die von ihm am Anfang seines Lebens vor allem in Verbindung mit Saturn am Skorpion-AC im Quadrat zu Uranus im Wassermann im „Sturm und Drang" rebellisch ausgelebt wurde, die er aber später gerade unter dem Einfluss von Lilith auf seiner Jungfrau-Sonne am MC in klassischer Weise zu bändigen und für sein literarisches Werk fruchtbar zu machen verstand. Goethe wechselte mit dem Älterwerden aus der Kindposition in die Elternposition, was einer sehr gesunden Entwicklung entsprach, wodurch dieselben Konstellationen in seinem Horoskop ganz andere Verhaltensweisen ermöglichten.

Die Position der Lilith auf der Sonne bezeugt einen intensiven originellen Gestaltungswillen, wie er Goethe als Dichter (Merkur im Löwen), aber auch als Naturforscher (Sonne in der Jungfrau) und Staatsmann (Konjunktion MC), ja selbst in der Malerei (Trigon Ceres) eigen war, und sie spricht natürlich für ein großes Selbstbewusstsein, an dem es Goethe sicher nicht gemangelt hat. Die Konjunktion mit dem MC sorgt (in der Elternposition) zusätzlich für eine beträchtliche Leistungsbereitschaft und Zielstrebigkeit, zumal sich der Saturn mitten im Skorpion am AC befindet. Wichtig ist aber auch das Große Trigon zwischen Sonne/Lilith am MC, Mars im Steinbock und Ceres im Stier sowie die Spannungsfigur zwischen Mars, Saturn und Uranus. Beide Konstellationen symbolisieren eine unermüdliche Schaffenskraft, die Goethe bis zu seinem Tod eigen war, die ihn aber durch die in ihr angelegte Harmonie nicht zum Workaholic werden ließ.

Die Jungfrau-Energie wird nicht nur durch Sonne, Lilith und MC charakterisiert, sondern auch durch die Stellung der Ceres in Haus 6 und die Position von Chiron in der Waage in Haus 12 mit Aspekten zu Saturn am Skorpion-AC, Quadrat zur Mondknotenachse und Trigon zu Uranus im Wassermann. Sie verleiht dem Horoskopeigner Klugheit und kritischen Verstand, mit dem er beharrlich (Ceres) eigene Wege beschreitet (Uranus, Lilith) und das Wesentliche vom Unwesentlichen zu trennen weiß (Saturn, MC).

Goethes Aphorismen sind Legion. Das große Menschheitsdrama Faust ist z.B. in seinem ersten Teil auch ein Kompendium der geflügelten Worte, mit denen Goethe jeweils seine Lebensweisheit (Chiron in Haus 12) zusammenfasst. Die kritische und originelle Jungfrau (Lebensgrundeinstellung der Zielstrebigkeit) ist darüber hinaus auch verantwortlich für die naturwissenschaftlichen Forschungen des Horoskopeigners, wobei die Stellung in Haus 12 (Neptun) ihr zusätzlich ein intuitives Gespür gibt (Differenzierung in der Zielstrebigkeit). Im Zusammenhang mit seinen Krankheitserfahrungen (Priapus Opposition Lilith) ist die starke Jungfrau-Betonung allerdings auch eine Belastung, denn sie hat den Horoskopeigner zeitweise zum Hypochonder werden lassen.

Goethe ist wohl von Hause aus kein ausgesprochen hilfsbereiter Mensch gewesen, obwohl ihm die Position von Chiron in Haus 12 und auch die Stellung des Mondes neben Priapus in Haus 4 diese Möglichkeit gegeben hätte. Ihm waren die Kindpositionen der träumerischen Intuition und des kreativen Spiels vertrauter. Erst im Alter und vor allem durch seine Bindung an Christiane Vulpius, einer einfachen Frau aus dem Volke, die ihn in der Weimarer Gesellschaft vor erhebliche Probleme stellte, entwickelte er seine soziale Seite. Die Verantwortung und gleichzeitige fürsorgliche Anhänglichkeit an Christiane, die er 1806 heiratete, was z.B. sein Freund Friedrich Schiller nie verstanden und ihm als Schwäche ausgelegt hat, wird vor allem durch die Opposition von Sonne/Lilith am MC zu Mond/Priapus in den Fischen verständlich.

Der Saturn mitten im Skorpion am AC im Quadrat zu Uranus zeigt den strengen Vater Goethes, der ihn schulte und zum Jura-Studium veranlasste (Verfolger-Rolle). Er macht darüber hinaus ganz allgemein deutlich, dass der Horoskopeigner durchaus zu einer todernsten Verantwortung fähig war, was er z.B. in seiner Stellung als Minister in mehreren Ämtern am Hof zu Weimar unter Beweis gestellt hat. Die Quadratur zu Uranus im Wassermann erklärt aber auch, dass er dieser Verantwortung unter Umständen rebellisch entfliehen konnte (Differenzierung in der Kindposition), nämlich dann, wenn sie ihm zu erdrückend geworden war. Die erste Italienische Reise war ein solcher Fluchtversuch, mit der der Horoskopeigner Abstand von seinen Ämtern gewann und sich von ihnen nach seiner Rückkehr auch nicht wieder in Anspruch nehmen ließ.

Dieser kompetenten und zielstrebigen Seite des Horoskops steht nun eine ganz andere gegenüber, wie sie Goethe selbst einsichtig in „Dichtung und Wahrheit" beschrieben hat:

„Vom Vater hab ich die Statur, des Lebens ernstes Führen -
(siehe Saturn am Skorpion-AC mit Quadrat zu Uranus sowie Lilith
am MC) vom Mütterchen die Frohnatur und Lust zum Fabulieren."

Von dieser Frohnatur soll jetzt die Rede sein. Sie wird durch die Oppositionsachse Venus Spitze 11 (Lebensgrundeinstellung der Selbstdarstellung) und Jupiter Spitze 5 symbolisiert. Hier ist Goethe der charmante Gesellschafter, der ein offenes Haus mit vielen Gästen führt (Venus), die sich oft monatelang bei ihm einquartiert haben, der sich gern auf Reisen (Jupiter) begibt, der die Aufenthalte in Kurbädern liebt und der auch amourösen Abenteuern (Jupiter Opposition Venus Spitze 11) nicht ganz abgeneigt ist. Mit den Energien von Löwe, Schütze und Wassermann (Lilith Konjunktion Sonne, Jupiter Spitze 5) hat sein Verhalten hier durchaus etwas Selbstherrliches (Chaoten-Rolle), z.B. wenn er seine letzte Liebe im Alter von 74 zu der 19-jährigen Ulrike von Levetzow, die er ernsthaft heiraten wollte, damit entschuldigt, dass „geniale Menschen ihre Pubertät eben öfter erleben".

Dabei muss dem Horoskopeigner sicher zugute gehalten werden, dass er sich mit seiner Feinfühligkeit gegenüber Frauen und der gleichzeitig vorhandenen Intelligenz und originellen Selbstdarstellung deutlich positiv vom damaligen Durchschnittsmann auch in adeligen Kreisen unterschieden haben dürfte, so dass es nicht ganz unverständlich ist, dass er selbst viel jüngere Frauen bezaubern (Jupiter Spitze 5 Trigon Neptun in Haus 9) konnte.

Es ist nun interessant, dass diese Seite der Persönlichkeit Goethes im Horoskop ebenfalls durch ein Großes Trigon abgesichert und durch ein aufgesetztes Kleines Trigon sogar zu einer Drachenfigur ergänzt wird, die dem Horoskopeigner immer ein Verhalten von großer Selbstverständlichkeit ermöglicht. Auf diese Weise stehen nun Venus und Jupiter mit Pluto und Neptun in einer harmonischen Aspekt-Verbindung, wodurch einerseits durch Neptun die Sensibilität und seelische Beteiligung des Betroffenen in seinen Beziehungen erklärt wird, andererseits aber auch mit Pluto und seiner Stellung zwischen Skorpion und Schütze deutlich wird, dass Goethe sicher die Sexualität nicht ausgeklammert hat. Das Quadrat zwischen Saturn am Skorpion-AC und Uranus im Wassermann beschreibt dabei die Spannung zwischen Treue und Freiheitsverlangen und macht verständlich, dass sich der Horoskopeigner immer wieder rebellisch aus Bindungen gelöst hat.

Das Große Trigon zwischen Jupiter, Neptun und Pluto hat a-
ber noch eine andere, nicht-erotische Bedeutung: Der Horoskopeigner gewinnt durch die hier symbolisierten Energien ein starkes und grundlegendes Bedürfnis (Pluto), sich als Sinnsucher
(Jupiter-Neptun) auf den Weg zu machen. Goethe hat dieser
Veranlagung dichterisch in klassisch gültiger Form in seinem
Faust-Drama Ausdruck verliehen.

Andererseits beschreibt dieses Große Trigon auch ein tiefes
grundlegendes Vertrauen in das Leben, das dem Horoskopeigner wohl eigen war, wobei das Kleine Trigon zwischen Pluto,
Venus und Neptun einen Hinweis gibt, dass Leben für Goethe
hauptsächlich Harmonie (Venus) bedeutete und wahrscheinlich
auch ohne Frauenliebe nicht lebenswert gewesen wäre.

Es ist bekannt und wird von manchen Biographen geradezu
als Rechtfertigung herangezogen, dass Goethe durch seine vielen
Frauenliebschaften erst seine herausragende Liebeslyrik schaffen
konnte und überhaupt durch Frauen (z.B. durch Charlotte von
Stein) zu bestimmten Werken angeregt wurde. Die Verbindung
der Venus über ein Halbsextil mit Merkur im Löwen und ein
Sextil zu Neptun sowie die ebenfalls gegebene Verbindung mit
der Jungfrau-Energie (Chiron) über das Waage-Zeichen macht
diesen Zusammenhang auch astrologisch deutlich.

Abschließend sei noch ein Wort zu Goethes Disposition zu
ernsten Krankheitszuständen, die ihn periodisch heimsuchten,
gesagt: Sie hängen meiner Ansicht nach alle mit der durchaus
ungewöhnlichen Achse Lilith-Priapus zusammen, haben also ihren Grund in dem direkten Zusammentreffen von extremer neptunischer und uranischer Energie, was auf der körperlichen Manifestationsebene eine Lähmung der Lebensenergien verursa-
chen kann. Diese genaue Energie-Verbindung erklärt auch die
panische Angst, die der Dichter vor Krankheiten und dem Tod
empfunden hat.

Bezeichnenderweise ist Goethe scheintot zur Welt gekommen.
Seine erste schwere Krankheit (Tuberkulose) erlebte er im Juli
1768 in Leipzig, als der aktuelle Neptun die Achse Lilith-Priapus
am MC aktivierte und die Transit-Lilith Spitze 12 im Quadrat auf
dem Radix-Neptun stand. Als er im Januar 1801 auf Leben und

Tod erkrankte, befand sich der aktuelle Neptun am Skorpion-AC in genauem Quadrat zu Uranus im Wassermann, und Pluto am IC aktivierte wiederum die Achse Lilith-Priapus. An seinem Todestag am 22. März 1832 stand der aktuelle Neptun in genauer Opposition zum Geburts-Neptun und im Halbquadrat zum Mond in den Fischen, und die Transit-Lilith bildete einen trigonalen Punkt zur Achse Lilith-Priapus.

Es ist möglich, dass Goethe eigenwillig und rebellisch (Lilith Konjunktion Sonne am Jungfrau-MC) den tiefen seelischen Erschütterungen, die Krankheit, Leid und Tod mit sich bringen (Opposition zu Priapus in den Fischen mit Konjunktion zum Mond am IC), aus dem Weg gehen wollte. Bezeichnenderweise war er auch in den letzten Lebenstagen seiner Frau nicht an ihrer Seite, obwohl er sich im Hause befand. Er ging nicht einmal zu ihrer Beerdigung. Das Leben hat deshalb vielleicht dafür gesorgt, dass er die Erfahrung von Krankheit und Leid immer wieder in besonders dramatischer Weise am eigenen Körper machen musste, um ihn auf diese Weise zur Verinnerlichung seines Lebens zu zwingen.

Herbert Grönemeyer

Herbert Grönemeyer wurde am 2. April 1956 in Göttingen geboren. Sein Vater war von Beruf Ingenieur und seine Mutter Krankenschwester. Er wuchs in einem strengen protestantischen Elternhaus auf.

Von 1966 bis 1974 wurde er im Klavierspiel unterrichtet. 1968 gründete er seine erste Band. Der Intendant Peter Zadek holte ihn 1975 als musikalischen Leiter an seine Bühne in Bochum. Dort komponierte er die Musik zu Shakespeares „Wintermärchen", „Der Kaufmann von Venedig" und „Wie es euch gefällt" sowie zu Botho Strauß' „Groß und Klein". Daneben studierte er in Bochum Rechts- und Musikwissenschaft.

Grönemeyer wurde bald auch als Schauspieler in Hamburg, Berlin, Stuttgart und Köln verpflichtet, obwohl er selbst nie

Schauspielunterricht erhalten hatte. Große Popularität errang er 1981 als Leutnant Werner in dem Stück „Das Boot" von Wolfgang Petersen. Ende der 70er Jahre wurde er bereits für das Fernsehen tätig und beeindruckte als junger Robert Schumann in Peter Schamonis „Frühlingssinfonie" und in Bernhard Sinkels Vierteiler „Väter und Söhne".

Die größten Erfolge feierte Grönemeyer als Sänger, Liedermacher und Komponist. Innerhalb weniger Jahre stieg er zum erfolgreichsten deutschen Rockmusiker mit stets ausverkauften Konzerten auf. Die Presse bescheinigte ihm, in seinen musikalischen Auftritten unverwechselbar zu sein (Süddeutsche Zeitung) und stellte fest, dass er mit seinen selbstverfassten Texten gesellschaftliche Zustände auf den Punkt bringen könne (Stuttgarter Zeitung).

Der Durchbruch gelang ihm 1984 mit seinem Album „4630 Bochum" und dem Song „Männer", in dem er mit männlichen Stereotypen abrechnete. Die Platte erreichte eine Auflage von 1,5 Millionen.

Im Februar 1988 engagierte sich Grönemeyer zusammen mit rund 300 Künstlern beim Rheinhausener Stahl-Festival zu Gunsten der von Stillegung bedrohten Stahlkocher im Krupp-Werk Duisburg-Rheinhausen. 1990 unternahm er mit dem neuen Album „Luxus" eine Tournee durch Deutschland, Österreich und der Schweiz und wurde von der FAZ als „Sänger des neuen Deutschlands" gefeiert. Er sang gegen Konsumrausch, Beziehungskrisen und die Vermarktung der Frauen im Show-Geschäft.

1993 kam es zu einer Auseinandersetzung über Vermarktungsrechte, als die deutsche Lufthansa Mitschnitte eines „Anti-Rassismus-Festivals", das Grönemeyer zusammen mit den „Toten Hosen" und 25 anderen Bands veranstaltet hatte, mit ihrem Firmen-Emblem in alle Welt verschickte, ohne die Künstler um Erlaubnis gefragt zu haben. Grönemeyer ließ per einstweiliger Verfügung 500 Videos einziehen.

Im selben Jahr ging er mit dem Album „Chaos" auf Tournee, das in kurzer Zeit 500.000 Mal verkauft wurde. 1994 erhielt er als erster nicht Englisch singender Musiker die Einladung, bei „MTV Unplugged" zu spielen.

Im Oktober 1995 stellte er erfolgreich seine Alben „Grönemeyer live" und „Unplugged Herbert" vor. 1998 folgte mit „Bleibt alles anders" sein neuntes Album. Die sich anschließende Tournee wurde wegen privater Schicksalsschläge abgebrochen. Am 5. November 1998 erlag seine Frau, die ehemalige Schaupielerin Anna Henkel, mit der er zwei Kinder hatte (Felix und Marie), einem Krebsleiden. Kurz zuvor war sein Bruder Wilhelm an Krebs verstorben.

1999 setzte er die „Bleibt alles anders"-Tournee fort. 2000 gründete er zusammen mit René Renner das Plattenlabel „Grönland Records", das jungen unangepassten Künstlern eine Heimat geben sollte.

2002 stellte Grönemeyer auf einer großen Livetournee durch Deutschland vor 1,5 Millionen Besuchern seine CD „Mensch" vor. Das Album wurde 3,1 millionen Mal verkauft und hielt sich 36 Wochen lang in den Top 10 der deutschen Albumcharts. Im Oktober 2003 wurde es mit dem „World Music Award" ausgezeichnet. Die Süddeutsche Zeitung schrieb: „Der Mann ist ein über die Zeitläufe erhabener, krisensicherer Superstar".

Der Regisseur Robert Wilson gab Grönemeyer 2003 den Auftrag, Büchners Theaterstück „Leonce und Lena" zu vertonen. Die Balladen mit einer für ihn eher untypischen sentimentalen Musik fanden in der Presse ein gespaltenes Echo. 2005 erschien „Leonce und Lena" auch als Platte, eingespielt mit der Theaterband „Büchners Erben".

Im März 2005 startete Grönemeyer gemeinsam mit dem Verband Entwicklungshilfe die Kampagne „Deine Stimme gegen die Armut". Die Bürger wurden aufgefordert, Briefe an Bundeskanzler Gerhard Schröder zu schreiben und zu fordern, dass die beim „Millenniumsgipfel" der UN getroffenen Vereinbarungen zur Finanzierung der Armutsbekämpfung eingehalten werden. Im Juli 2005 trat er mit vielen Pop-Stars am Live-8-Festival in Berlin auf und setzte sich für einen Schuldenerlass der ärmsten Länder Afrikas ein. Vom amerikanischen Time-Magazin wurde er dafür als „European Hero 2005" ausgezeichnet.

Bei der Fußballweltmeisterschaft 2006 sang der Fußballfan Grönemeyer die Eröffnungshymne „Zeit, dass sich was dreht". Die Single erreichte im Juni 2006 Platz 1 der deutschen Charts. Grönemeyer bestätigte 2003 in einem SPIEGEL-Interview, dass er in einer neuen Beziehung lebt.

Das Horoskop von Herbert Grönemeyer

Herbert Grönemeyer ist Schauspieler, Textdichter, Komponist, Arrangeur, aber vor allem Rock- und Popsänger und inzwischen unbestritten der erfolgreichste Entertainer im deutschsprachigen Raum. Der Horoskopeigner ist aber ein sperriger und unbequemer Künstler. Im Horoskop fällt sofort das Große Quadrat zwischen Merkur, Mars, Uranus/MC und Neptun auf. Eine solche Konstellation ist durchaus ungewöhnlich und sie spricht dafür, dass dem Künstler ein schwieriges Leben vorherbestimmt ist, das ihn durch große Höhen und Tiefen führen wird.

Verschärft wird diese Problematik durch die unmittelbare Verbindung der Energien von Uranus und Neptun im Großen Quadrat. Mars, Merkur und das MC werden dadurch sowohl mit der neptunischen als auch mit der uranischen Energie besetzt. Im Grunde gilt diese grundlegende Ambivalenz aber für das gesamte Horoskop, denn wo immer eine Energie von Neptun geprägt ist, hat sie aufgrund des Quadrats zwischen Neptun und Uranus auch eine Verbindung zu Uranus. Und dasselbe gilt natürlich umgekehrt für jede uranische Konstellation.

Grönemeyer ist politisch interessiert (Waage-AC, Sonne und Merkur am DC), ist aber mit den gesellschaftlichen Verhältnissen alles andere als einverstanden. Er hält auch von den verantwortlichen Politikern nicht viel. Als er auf dem G8-Gipfel in Heiligendamm eine Gegenöffentlichkeit in der Popszene mitorganisierte, wurde er gefragt, ob er sich mit Politikern treffen wolle. Seine Antwort war bezeichnend: „Ich rede nicht mit Politikern."

Andererseits engagiert sich Grönemeyer politisch sehr bewusst und tatkräftig, wenn es gilt, gegen gesellschaftliches Unrecht anzukämpfen.

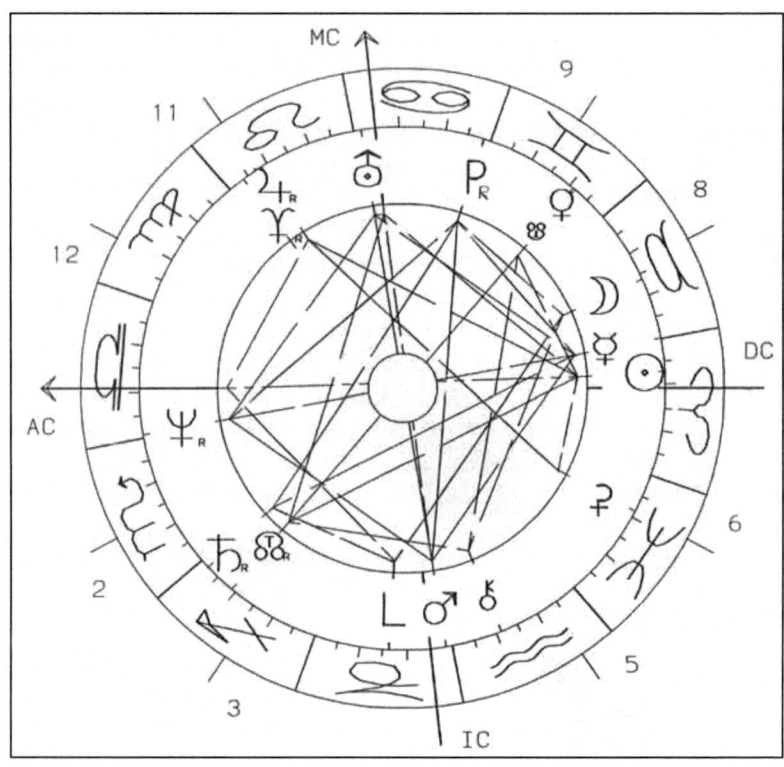

Abbildung 9: Herbert Grönemeyer, 12. April 1956 um 18.45 Uhr in Göttingen

Ceres in den Fischen Spitze Haus 6 macht vor allem die Besitzlosigkeit (in der Differenzierung löst die Fische-Energie die Ceres-Energie auf) für ihn zum Problem (Jungfrau-Haus). Für den rebellischen Kampf zugunsten der Armen und Schwachen steht das Spannungs-Dreieck mit den Energien von Saturn, Lilith und Waage-AC und besonders die starke Verbindung der Widder-Energie mit der Fische-Energie (Differenzierung in der Verfolger-Rolle) in der geschlossenen Aspektfigur Mars-Priapus-Neptun. 1988 demonstrierte er mit rund 300 Künstlern beim Rheinhausener Stahl-Festival zu Gunsten der von Stilllegung bedrohten Stahlkocher im Krupp-Werk Duisburg-Rheinhausen. 2005 startete er gemeinsam mit dem Verband Entwicklungshilfe die Kam-

84

pagne „Deine Stimme gegen Armut" und trat zusammen mit vielen weiteren Show-Größen am Live-8-Festival in Berlin auf, das für den Schuldenerlass der ärmsten Länder Afrikas kämpft.

Die Opposition zwischen Merkur und Neptun spricht für eine musikalische Kommunikation (Lebensgrundeinstellung der Anpassung und Einfühlung), die durch die Quadratur zu Uranus und Mars sehr originell und wiederum kämpferisch geprägt ist. Grönemeyers gepresste hohe Stimmlage, die sich gut erkennbar von allen übrigen Rocksängern abhebt, drückt nach meinem Empfinden eine verhaltene (Neptun) Wut (Mars am IC Opposition zu Uranus sowie Lilith Quadrat zum AC) aus, die gut zu seiner neptunischen Merkur-Besetzung passt.

Chiron im Wassermann bezeichnet die originelle Vernunft (Lebensgrundeinstellung der Zielstrebigkeit). Das Querdenken hat wohl in Grönemeyers Familie Tradition, denn auch sein Bruder Dietrich gilt als einer der innovativsten Professoren der Medizin. Grönemeyer schreibt seine Texte selbst, und es sind Texte, die seiner kritischen Vernunft (Chiron im Wassermann) oft alle Ehre machen. Ob er den Konsumwahn („Kaufen macht so viel Spaß"), das Männerbild („außen hart und innen ganz weich"), die Borniertheit der politisch rechten Szene („hart im Hirn, weich in der Birne") oder die Haltlosigkeit des modernen Lebens („Durcheinander wird Gesetz") beschreibt - immer rührt er mit seinen Formulierungen an wunde Punkte der Gesellschaft. Dabei glaubt er bei aller Kritik mit seiner Merkur-Neptun-Uranus-Spannung durchaus an die befreiende Kraft des Humors, wenn dieser Humor bei ihm auch ein etwas verzweifeltes „Dennoch" als Unterton behält („Lache, wenn's nicht zum Weinen reicht"). Als Beispiel sei hier aus dem der Titel „Reines Herz" zitiert, der wohl ironisch gemeint ist und den rücksichtslosen Egoismus der Finanzwelt, wie er sich in der gegenwärtigen Finanz- und Weltwirtschaftskrise gerade deutlich gezeigt hat, bereits Jahre zuvor besingt:

> Die Aktien steigen, die Erde bricht,
> kämpf allein, zeig keinem mein Gesicht.
> Bin bereit, bin bereit für den Börsengang,
> den Börsengang.
> Das Grinsen ist 'ne Bank, mein Grinsen ist 'ne Bank.

Grönemeyer hat aufgrund seiner Eigenwilligkeit (Sonne Quadrat Uranus) lange gebraucht, bis er zum unumstrittenen Rock- und Popstar im deutschsprachigen Raum geworden ist. Sein Waage-AC in Opposition zur Sonne am DC, wobei die Venus in der Halbsumme zwischen Sonne und Uranus steht, lassen es aber durchaus plausibel erscheinen, dass er sich in der Beliebtheit (Waage) zum Star (Sonne Trigon Jupiter Spitze Haus 11) entwickeln konnte. Die im Aspektgefüge dominant gestellte Sonne spricht auch für sein schauspielerisches Talent.

Sehr stark ist im Horoskop der Ehrgeiz (Lebensgrundeinstellung der Zielstrebigkeit) angelegt. Ehrgeiz ist immer eine Verbindung der Steinbock-Energie mit der Wassermann-Energie. Beim Horoskopeigner befindet sich der Uranus am MC, intensiviert durch das Halbsextil zu Pluto, Saturn steht im Steinbock im Halbquadrat zur Lilith (Mond, Uranus, Pluto) und der Mars befindet sich an der Grenze zwischen Steinbock und Wassermann, was einer Mischung beider Energien entspricht. Mit diesen Energien kann man natürlich auch sehr rebellisch (Differenzierung in der Kindposition) sein, zumal das Wassermann-Prinzip durch Spannungs-Aspekte zwischen Lilith und AC sowie zwischen Uranus und Mars mit dem Widder-Prinzip verbunden ist. Grönemeyer lebt die Ambivalenz dieser Konstellationen insofern, als er mit rebellischen Texten und entsprechender Musik in der Rockszene Karriere gemacht hat.

Die Konjunktion zwischen Jupiter und Pluto signalisiert Engagement und die Stellung dieser Planeten im Löwen Spitze 11. Haus verweist unmissverständlich auf das Bedürfnis des Horoskopeigners, sein eigener Chef zu sein. Das Trigon zur Sonne unterstreicht dieses Bedürfnis noch einmal und das Halbsextil zwischen Sonne und Ceres (Stier-Energie) in den Fischen Hausspitze 6 bezeugt den Willen (Sonne), sich als Star sozial zu betätigen.

Der sensitive Punkt Priapus (Mond, Neptun, Pluto) befindet sich an der Grenze zwischen Krebs und Zwillinge im Trigon zu Neptun, was die Musikalität dahingehend konkretisiert, dass es sich um eine gesangliche (Krebs) Kommunikation handelt. Die beiden Quinkunxe von Priapus zum rebellisch gestellten Saturn und Mars unterstreichen noch einmal die Grundorientierung Grönemeyers als Protestkünstler.

Die Venus am absteigenden Mondknoten mit Aspekten zu Uranus und Sonne gibt einen Hinweis auf sein Partnerbild: Der Horoskopeigner braucht eine attraktive und selbstbewusste Frau (Lebensgrundeinstellung der Selbstdarstellung), die viel kommunikativen Charme und Optimismus (Venus in den Zwillingen und Haus 9), aber auch häuslichen Sinn (Mondknoten) besitzt. Der Mond im Stier Hausspitze 8 mit Trigon zu Lilith verweist darüber hinaus auf Treue und große Sicherheitsbedürfnisse seiner Partnerin (Differenzierung in der Elternposition), aber auch auf die Unfähigkeit, Gewohnheiten aufzugeben. Das Trigon zu Lilith im Steinbock spricht außerdem für Prinzipientreue. Da diese Suchplaneten ebenfalls Kontakt zu den rebellischen Konstellationen des Künstlers haben (aufsteigender Mondknoten neben Saturn und mit Anderthalbquadrat zur Sonne und zum MC/Uranus), kann man sich vorstellen, dass eine Liebesbeziehung mit ihm nicht ohne dramatische Auseinandersetzungen gelebt werden konnte. Die menschliche Katastrophe von Grönemeyers Frau Anna, die an Krebs verstorben ist, wird so vielleicht auch astrologisch etwas nachvollziehbar. Der Horoskopeigner hat ihr in einem Song sehr einfühlsam ein Denkmal gesetzt („Der Weg").

Die genaue Quadrat-Verbindung von Neptun zu Uranus bringt es, wie bereits oben erwähnt, mit sich, dass alle uranischen Konstellationen im Horoskop gleichzeitig neptunisch gedeutet werden müssen. Damit bekommt der Jupiter Hausspitze 11 auch Kontakt mit der Fische-Energie, was Grönemeyer zu einem Sinnsucher prädestiniert. Dieselbe Bedeutung hat Priapus in Haus 9. Rita Werden und Magnus Striet charakterisieren in Publik-Forum Nr. 10/2009 die „Religiosität" in Grönemeyers Texten wie folgt:

„Grönemeyers Lieder sind auf der Textebene betrachtet als postchristlich zu bezeichnen. Postchristlich in dem Sinne, dass zwar Motive aus der jüdisch-christlichen Tradition aufgegriffen werden, Grönemeyer sie jedoch so transformiert, dass sie keine Hoffnung auf einen dem Menschen tatsächlich zugewandten Gott erkennen lassen. Paradiesisch ist das Leben vor allem dann, wenn es intensiv gelebt wird, wenn Part-

nerschaft gelingt. ... *Die Hoffnungen und Tröstungen eines Glaubens, der eine Zukunft verspricht, die über dieses Leben hinausreicht, der das durch menschliches Scheitern oder den Tod Auseinandergerissene nicht einfach im Nichts enden lässt, scheinen zu verblassen. Die in diesem Sinne postchristlichen Texte sind es, mit denen sich die Befragten identifizieren und die ihrem Empfinden nach eine - offenbar anders akzentuierte - Religiosität ausdrücken. Postchristlich und religiös schließen sich nicht aus. Religiosität ist hier Menschlichkeit ohne Gott.*"

Ein sehr gutes Beispiel für diese Menschlichkeit, die das Leben in seinem permanenten Auf und Ab annimmt und in Authentizität und Redlichkeit zu lieben versucht, bietet der Titel „Mensch". Grönemeyer ist ein Selbstdarsteller (Sonne Quadrat Uranus) mit Tiefgang. Ihm ist es gelungen, mit viel Sensibilität den Zeitgeist einerseits einzufangen (Merkur Opposition Neptun) und ihm gleichzeitig in manchen Punkten aggressiv zu widersprechen (Merkur Quadrat Uranus). Diese Gestaltungskraft (Sonne Opposition AC) verbunden mit der Originalität seiner Präsentation (Uranus Quadrat Sonne/Merkur) machen ihn wohl zu Recht zum bedeutendsten deutschsprachigen Rockkünstler der Gegenwart.

Che Guevara

Ernesto Guevara wurde am 14. Mai 1928 in Rosario in Argentinien geboren. Das Geburtsdatum wurde von der Mutter, die einer großbürgerlich-aristokratischen Familie entstammte, um einen Monat auf den 14. Juni gefälscht, um zu belegen, dass der Sohn ehelich gezeugt worden war. Der Einfluss der Mutter auf Guevara war besonders stark.

Die Mutter distanzierte sich von ihrer Familie und ließ sich ihr Erbe auszahlen, von dem die Eltern eine Mate-Plantage kauften. Politisch tendierte die Mutter im Laufe ihres Lebens immer weiter nach links. Flüchtlinge aus Franco-Spanien waren gute Freunde der Familie.

Im Alter von zwei Jahren brach bei Ernesto eine schwere Asthma-Erkrankung aus, die ihn zu sehr großer Selbstdisziplin zwang. Er konnte deswegen zunächst nicht die öffentliche Schule besuchen und wurde anfangs von seiner Mutter unterrichtet. Ab 1946, nach Beendigung der Schulzeit in Córdoba und Buenos Aires, studierte er Medizin an der Universität von Buenos Aires. Zwischen 1952 und 1955 unternahm er als Student und später als Arzt zwei ausgedehnte Reisen durch Südamerika. Er arbeitete auch als Arzt auf Lepra-Stationen. Diese Reisen schärften Guevaras Blick für die sozialen Ursachen der Armut Lateinamerikas. Er wurde zu einem unversöhnlichen Feind der USA. Im Sommer 1954 erlebte er den Sturz der gemäßigt-linken Regierung von Oberst Arbenz in Guatemala mit Hilfe des US-Geheimdienstes CIA. Er musste selbst monatelang Zuflucht in der argentinischen Botschaft nehmen, ehe ihm die Flucht nach Mexiko gelang.

In Guatemala war er der peruanischen Kommunistin Hilda Gadea begegnet, seiner späteren ersten Frau, die ihn mit den Theorien des Marxismus vertraut machte. Er wandelte sich zum Revolutionär und erhielt damals den Beinamen „Che", was soviel wie „Kamerad" bedeutete. In Mexiko begegnete er den Brüdern Raul und Fidel Castro und schloss sich ihnen an.

Am 2./3. Dezember 1956 landete Che Guevara mit den Brüdern Castro und etwa 80 Kämpfern an der Südküste Kubas, um das Batista-Regime zu stürzen. Die Guerillas wurden zunächst durch Regierungstruppen fast vollständig aufgerieben, bekamen aber in der Sierra Maestra Unterstützung von der Bevölkerung. Guevara befehligte die 8. Kolonne der Guerillas und führte sie schließlich in der Schlacht von Santa Clara zum Sieg. Am 4. Januar 1959 zog Guevaras Truppe in Havanna ein.

Fidel Castro erklärte Guevara durch das Verfassungsgesetz zum „geborenen Kubaner" und übertrug ihm die Leitung der Nationalbank von Kuba. Im Februar 1960 schloss Guevara mit der Sowjetunion einen für Kuba lebenswichtigen Handelsvertrag ab. Im Februar 1961 wurde er Industrieminister und setzte in dieser Funktion die Verstaatlichung des gesamten US-Eigentums und die Enteignung des Großgrundbesitzes durch. Die Amerikaner antworteten mit einer Wirtschaftsblockade, die bis heute fortbesteht. Um eine wirtschaftliche Katastrophe zu verhindern, suchte die kubanische Regierung verstärkt die Bindung zur Sowjetunion und zum Ostblock.

Auf großen Reisen durch die ganze Welt, u.a. in die DDR, in die Sowjetunion, nach Argentinien und Brasilien, in afrikanische und asiatische Staaten und nach China, warb Che Guevara für die Ideen der kubanischen Revolution. Er war der eigentliche Chefideologe des „Fidelismus".

1961 führte Guevara erfolgreich die Abwehrkräfte gegen die von den USA unterstützte Invasion der Exil-Kubaner in der Schweinebucht. Im selben Jahr missglückte ein Attentat auf ihn.

Im August 1962 verhandelte er mit der Sowjetunion über Waffenlieferungen. Die Vorbereitung von Raketen-Abschussrampen führte im Herbst zur hochbrisanten Kuba-Krise. Guevara soll nach eigenen Bekundungen bereit gewesen sein, Atomraketen auf die USA abzuschießen.

In seinen staatlichen Ämtern entpuppte sich „Che" nicht als Kamerad, sondern als scharfer Kritiker und unerbittlicher Verfolger auch der eigenen Seite. Er geißelte die mangelnde Einsatzbereitschaft und Ordnungsliebe seiner Landsleute, die nicht seinem Ideal vom „neuen Menschen" entsprachen, und kritisierte ebenso, wie die erfolglosen Versuche der Sowjetberater, die kubanische Verwaltung effektiv zu organisieren. Unter seiner Mitwirkung wurden auch Kubaner, die unter dem Batista-Regime mit den USA zusammengearbeitet hatten, zum Tode verurteilt.

1964 zwangen die Sowjets Castro, Kuba wieder in die Zucker-Monokultur zurückzuführen. Die von Guevara vorangetriebene Industrialisierung wurde auf mindestens zehn Jahre vertagt. Danach kam es offenbar zum Bruch mit Castro und Guevara verschwand aus der Öffentlichkeit.

Im April 1965 ging Guevara nach Afrika, nachdem er Castro einen Brief geschrieben hatte, in dem er auf seine Ämter verzichtete. Er trainierte mit einer kleinen Gruppe von Kubanern die Guerilla-Truppe des Lumumba-Vertrauten Pierre Mulele im Kongo, deren Aufstand jedoch erfolglos blieb.

Im November 1966 brach Guevara mit etwa 50 Männern nach Bolivien auf, um dort eine ähnliche Revolution wie in Kuba durchzuführen. Er wollte, wie er sagte, „zwei, drei, viele Vietnams" in Lateinamerika schaffen. Die Massen der armen Bauern ließen sich entgegen seinen Erwartungen jedoch nicht zum Aufstand bewegen und auch die Kommunistische Partei Boliviens sabotierte die Truppe. Guevaras Männer wurden schließlich von rund 20.000 Soldaten der bolivianischen Armee, die von den USA beraten wurde, gejagt und am 9. Oktober 1967 in einem Gefecht in der Nähe der kleinen Stadt La Higuera besiegt.

Guevara wurde gefangen genommen und anschließend ermordet, weil Bolivien, das die Todesstrafe abgeschafft hatte, so vermeiden wollte, dass Guevara im Gefängnis zu einem Staatsrisiko wurde. Der Öffentlichkeit präsentierte das Militär den Leichnam als Beweis, der später an einem unbekannten Ort verscharrt und erst 30 Jahre später nach Kuba überführt und dort in einem eigens errichteten Mausoleum beigesetzt wurde.

Das Horoskop von Che Guevara

Ernesto Guevara hat an der Seite Fidel Castros die kubanische Revolution zum Sieg geführt. Er wurde damit zum Idol des erfolgreichen Revolutionärs und zu einem fast mythischen Vorbild aller revolutionären Bewegungen wie z.B. auch der 68-er Generation in der Bundesrepublik. Welches Charakterbild können wir von einem solchen Mann erwarten? An seine Kinder schrieb er einen Abschiedsbrief, als er Kuba endgültig verließ:

„Seid immer fähig, bis ins Tiefste jede Ungerechtigkeit zu empfinden, die irgendwo auf der Welt irgend jemandem angetan wird. Das ist die schönste Eigenschaft eines Revolutionärs."

Dieses tiefe Mitgefühl mit den Armen ist die eine Seite Guevaras. Sie wird sehr deutlich durch die Konstellation Mond Konjunktion Ceres (Stier) in den Fischen Hausspitze 12 symbolisiert, wobei Ceres in den Fischen einerseits die Armut bezeichnet (Differenzierung in der Opfer-Rolle), andererseits in der Skriptführung aber auch die Hilfe für die Armen (Retter-Rolle).

Die andere Seite ist die unbeugsame Härte (Verfolger-Rolle) gegen sich selbst und gegen andere. Sie steht im Horoskop als Verbindung der Steinbock-Energie mit der Wassermann-Energie an drei Stellen:

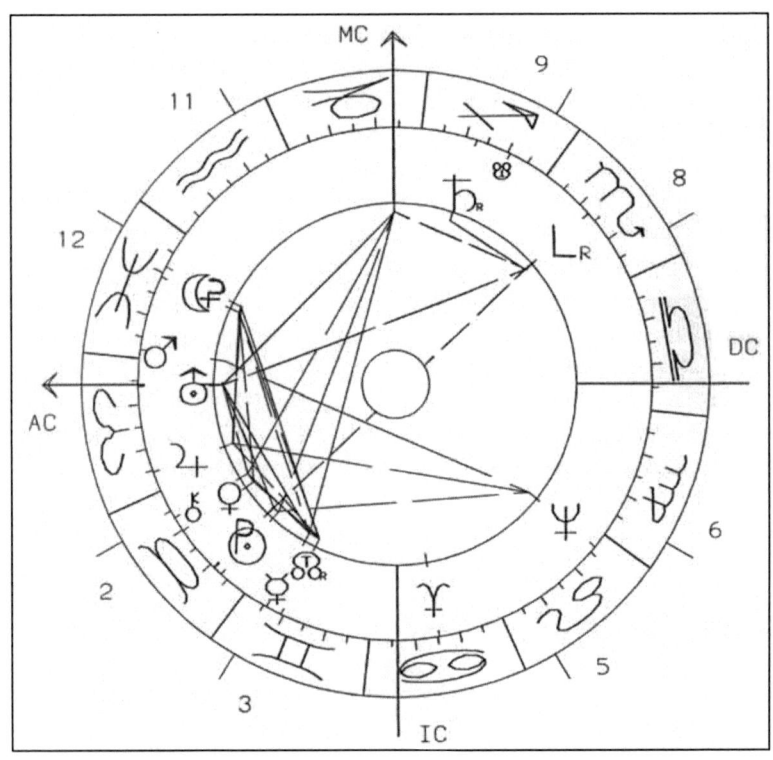

Abbildung 10: Ernesto Guevara, 14. Mai 1928 um 3.02 Uhr in Rosario

Sowohl Uranus als auch Lilith (Mond, Uranus, Pluto) bilden einen Spannungsaspekt zum MC, und Lilith mitten im Skorpion hat zusätzlich ein ganz genaues Halbsextil zum Saturn. Halbsextile wirken aufgrund ihrer Yang-Yin-Spannung sehr stark, was von Astrologen gern übersehen wird.

Zielstrebigkeit und Härte sind Eigenschaften, die der Horoskopeigner nach der Transaktionsanalyse in der sogenannten Elternposition lebt. Guevara war Commandante im Befreiungskampf und für seine Kameraden eine Autorität. Nach dem Sieg der Revolution in Kuba übernahm er verschiedene Staatsämter und war maßgeblich für die Sozialisierung der Wirtschaft verantwortlich (Ceres in den Fischen). Er verfolgte auch unnachsich-

92

tig alle Anhänger des gestürzten Batista-Regimes und schreckte selbst vor Todesurteilen nicht zurück. Guevara war viel mehr als Fidel Castro, der oft pragmatisch dachte, ein Mensch mit starren Prinzipien (Verfolger-Rolle).

In der Kindposition nach der Transaktionsanalyse wirkt die Verbindung der Steinbock- mit der Wassermann-Energie bei Guevara als extreme Rebellion gegen die bestehenden gesellschaftlichen Verhältnisse. Ein rebellisches und stures Verhalten wird bereits von dem jungen Ernesto berichtet. Beim erwachsenen Mann äußerte sich diese astrologische Konstellation in einer unversöhnlichen Gegnerschaft gegen die ausbeuterischen Großgrundbesitzer und Diktatoren Südamerikas und gegen die als Schutzmacht dahinterstehenden USA. Guevara hat diese Verhältnisse auf zwei ausgedehnten Reisen durch den Subkontinent kennengelernt, die er nach seinem Abitur zunächst als Student und später als Arzt mit einem Freund unternommen hatte. Seine Reiselust (Schütze-Prinzip) drückt sich im Horoskop einerseits durch Saturn am absteigenden Mondknoten in Haus 9 aus, zum anderen und vielleicht noch mehr in der Spannungsfigur zwischen Mond, aufsteigendem Mondknoten und Jupiter im Widder. Saturn in Haus 9 verweist dabei auf die Tatsache, dass er aus seinen Reisen ernsthafte Konsequenzen gezogen hat.

Das tiefe soziale Mitgefühl hat Guevara wohl von seiner Mutter geerbt (Mond in den Fischen Hausspitze 12), die aus einem finanziell gut gestellten Elternhaus stammte und zu deren Vorfahren sogar der letzte peruanische Vizekönig gehörte. Sie war aber äußerst rebellisch veranlagt, ließ sich von ihrer Familie ihr Erbe auszahlen und zog von Buenos Aires fort, um mit ihrem Mann eine Mateplantage zu betreiben. Zu seiner Mutter hat Guevara Zeit seines Lebens ein besonders vertrautes Verhältnis aufrechterhalten (Pluto mitten im Krebs in Haus 4). Sie war auch seine Lehrerin (Mondknoten neben Merkur mit Halbsextil zu Chiron), als er auf Grund seines Asthmas zunächst nicht die öffentliche Schule besuchen konnte.

Das Bedürfnis, anderen Menschen zu helfen (Mond in den Fischen Hausspitze 12), drückt sich auch im Medizinstudium aus, das Guevara wählte, nachdem er mit dem Tod seiner Großmutter konfrontiert worden war. Die Fürsorglichkeit des Mondes verbindet sich hier mit der Kompetenz der Jungfrau (Chiron) durch ein Sextil und macht diesen Berufswunsch ebenfalls astrologisch verständlich. Der Arztberuf steht aber im Leben des Horoskopeigners immer mit seiner anderen, noch stärkeren Veranlagung als revolutionärer Kämpfer im Konflikt.

Die Stellung von Uranus Konjunktion Widder-AC mit Anderthalbquadrat zur Lilith im Skorpion beschreibt Guevara als einen unerschrockenen und furchtlosen Menschen (Lebensgrundeinstellung der Selbstdarstellung), der sich für sein Ziel verbissen (Lilith Anderthalbquadrat zum AC) einsetzen konnte. Es ist die typische Konstellation für einen Helden. Mit der Energie-Verbindung Jupiter Trigon Neptun besitzt der Horoskopeigner auch ein starkes Vertrauen. Da aber der Jupiter im Widder steht, wird wohl vor allem das Vertrauen in die eigene Kraft angesprochen. Mit der äußerst schwierig zu lebenden Achse Lilith-Priapus, durch die das Fische-Prinzip direkt mit dem Wassermann-Prinzip verbunden ist und die in einem Spannungsaspekt zu Uranus am Widder-AC steht, kann dieses Vertrauen vielleicht dahingehend genauer beschrieben werden, dass es sich um ein „magisches Gefühl, unverwundbar zu sein" handelt, wie es Guevara selbst in einer Schrift formuliert hat. Die Position des Mars zwischen dem Fische- und dem Widder-Zeichen verdeutlicht außerdem, dass Guevara vor allem für die Interessen der anderen gekämpft hat (Differenzierung in der Verfolgerrolle).

Auch sein Vater (Saturn-Prinzip) muss sehr rebellisch veranlagt gewesen sein. Von ihm wird berichtet, dass er sein Architektur-Studium abgebrochen hat und dass sein Haus, als der spanische Bürgerkrieg ausbrach, zum Treffpunkt spanischer Flüchtlinge wurde. So wuchs der junge Ernesto in einer familiären Umgebung heran, die ihn einerseits sehr behütete und materiell beschützte, die ihn aber andererseits früh für soziale Ungerechtigkeiten sensibilisierte. Er selbst verkehrte gern, wie berichtet wird, mit den Armen der Umgebung, die er häufig zu sich einlud, um mit ihnen zu Mittag zu essen.

Ein politisch denkender Mensch wurde Guevara aber erst durch seine beiden Südamerika-Reisen und nicht zuletzt durch seine Freundin und spätere erste Frau Hilda Gadea, die er 1953 in Guatemala kennenlernte. Sie brachte ihm auch die Gesellschaftsanalyse des Marxismus nahe. Mit dem Halbsextil zwischen Chiron und Uranus besitzt der Horoskopeigner einen kritischen Verstand und kann theoretische Zusammenhänge gut verstehen (Differenzierung in der Lebensgrundeinstellung der Anpassung).

Die Aspektverbindung von Chiron mit dem AC entspricht praktisch einem Jungfrau-AC und erklärt die Fähigkeit, sich Kenntnisse selbständig anzueignen. Guevara hat immer gern allein gelernt und sich mit Büchern beschäftigt. Nicht zuletzt wird mit dieser Energie-Verbindung und dem Halbsextil, das Uranus am AC mit Chiron bildet, auch verständlich, dass der Betroffene in Kuba zum eigentlichen Ideologen der Revolution (Verfolger-Rolle) werden konnte.

In Guatemala kam Guevara auch mit anderen Gleichgesinnten zusammen und erhielt den Spitznamen „Che", was soviel wie „Kamerad" bedeutet und oft auch als Synonym für „Argentinier" verwendet wird. Als Che ein Jahr später in Mexiko mit den Brüdern Raul und Fidel Castro zusammentraf, war er bereit für den Beruf eines Revolutionärs, in dem er seine eigentliche Bestimmung erkannte.

Im Horoskop von Che Guevara finden wir eine starke Stier-Betonung, die aber durch die Verbindung der Sonne mit dem sensitiven Punkt Priapus (Mond, Neptun, Pluto) nicht dazu geführt hat, dass der Horoskopeigner für eigenen Besitz gesorgt hat. Ihm lag aufgrund seiner sozialistischen Einstellung der Besitz der anderen am Herzen. Er selbst schlug sich lange als Student und Arzt auf Reisen mit geringen Mitteln durch und lebte dann auf Kuba selbst in der Position eines Ministers mit seiner Familie in äußerst bescheidenen Verhältnissen. Wahrscheinlich waren es die Konstellation Priapus Opposition Lilith und das genaue Halbquadrat von Priapus zu Uranus, die ihn zu fast verrückten Bemühungen veranlassten, dem Ideal (Fische) des „neuen Menschen" zu entsprechen und sich selbst und seine Familie hintenan zu stellen.

Der Kleinplanet Chiron (Jungfrau) steht in Konjunktion mit der Venus und bekommt durch das Sextil zum Mond Hausspitze

12 auch Kontakt mit der Fische-Energie. Diese Energie-Kombination halte ich für typisch für ein Gerechtigkeits-Bedürfnis. Da sich Chiron im Stier Hausspitze 2 befindet, wird damit noch einmal unterstrichen, dass sich die Gerechtigkeit bei Che Guevara in den Besitzverhältnissen ausdrücken muss. Bezeichnenderweise war er es, der nach der Revolution als Industrieminister die US-Konzerne auf Kuba enteignete und damit die bleibende Blockade der kubanischen Wirtschaft durch die USA in Kauf nahm.

In der Zeit, als Che Guevara auf Kuba Regierungsämter innehatte, unternahm er mehrere Reisen, unter anderem auch in die DDR und nach Moskau, um für die kubanische Revolution Sympathien zu gewinnen. Er warb auf diesen Reisen für sein Ideal des „neuen Menschen", der frei sein sollte von materiellen Bedürfnissen und folglich entsprechend umerzogen werden muss. Seine Ideen veröffentlichte der Horoskopeigner in mehreren Schriften. Alle diese Aktivitäten passen sehr gut zu der Energie-Verbindung, die wir in der Spannungsfigur zwischen Mond/Ceres, aufsteigendem Mondknoten/Merkur und Jupiter vorfinden. Die Kommunikation mit Merkur in den Zwillingen Hausspitze 3 ist stark betont, und das Halbquadrat zwischen Mondknoten/Merkur und Jupiter spricht auch für ein Bedürfnis nach Propaganda. Die Verbindung von Jupiter und Uranus mit der Mond-Energie (Uranus am AC hat ein Anderthalbquadrat zur Lilith, Jupiter ein Halbquadrat zum aufsteigenden Mondknoten) belegt außerdem die Fähigkeit des Horoskopeigners, Menschen begeistern und motivieren zu können, vor allem für den revolutionären Kampf (Verfolger-Rolle).

Wir sollten uns allerdings davor hüten, Che Guevara zu idealisieren. Ihm wird von vielen Seiten vorgeworfen, ein skrupelloser und brutaler Mensch gewesen zu sein, der von der Idee einer Weltrevolution besessen war und dabei über Leichen ging, der die Errichtung von Arbeitslagern zur Umerziehung der Bevölkerung in Angriff nahm und ein autoritäres stalinistisches Regierungssystem anstrebte.

Diese Vorwürfe sind wahrscheinlich nicht unberechtigt und können zumindest nach dem Horoskop Che Guevaras als denkbare Übertreibungen der dort beschriebenen Verfolger-Energien aufgefasst werden. Für diese Kritik spricht z.B. die Konstellation von Uranus am AC mit Anderthalbquadrat zu Lilith, die einen furchtlosen und wilden Kämpfer bezeichnet (Chaoten-Rolle). Hinzu kommt, dass der Horoskopeigner zwar einen scharfen analytischen Verstand (Chiron Halbsextil zu Uranus) besessen hat, dass er aber zugleich anfällig für idealistische Träumereien (Mond in den Fischen Hausspitze 12) gewesen sein muss. Sein Weggang von Kuba, womit er zugleich seine Frau mit vier Kindern allein ließ, in Verbindung mit dem illusionären Versuch, in Südamerika „zwei, drei, viele Vietnams" zu schaffen, was ihm schließlich das Leben gekostet hat, sprechen eine deutliche Sprache.

Vielleicht können wir den Fanatismus des Che Guevara besser verstehen, wenn wir zum Schluss noch einen Blick auf seine asthmatische Erkrankung werfen, die ihn seit seinem zweiten Lebensjahr begleitet hat. Die Ursache des Asthmas ist immer eine tief sitzende Lebensangst. Sie macht es dem Asthmatiker nicht nur unmöglich, entspannt auszuatmen, sondern behindert ihn durch eine Enge (Angst) in der Luftröhre schon beim Einatmen, so dass der betreffende Mensch Erstickungsanfälle bekommt.

Der Grund, warum gerade Che Guevara von dieser Krankheit befallen wurde, lässt sich nur vermuten. Einen Hinweis dafür hat seine Mutter gegeben, die mit ihm schwanger war, ohne verheiratet zu sein. Ihre Angst vor der Entdeckung dieser moralischen Unkorrektheit war so groß, dass sie das Geburtsdatum um einen Monat gefälscht hat. So kommt es, dass immer noch zu lesen ist, Che Guevara sei am 14. Juni zur Welt gekommen, während doch der 14. Mai sein richtiger Geburtstag ist (siehe Astrologie Heute, Heft 134 S. 57). Es ist sicher nicht zu weit hergeholt, wenn man annimmt, dass sich diese Angst der Mutter bereits auf den ungeborenen Embryo übertragen und sich in der Disposition zum Asthma manifestiert hat. Die astrologische Konstellation, die diese Überlegung wahrscheinlich macht, ist das Quadrat zwischen Mond Konjunktion Ceres in den Fischen und dem aufsteigenden Mondknoten neben Merkur in den Zwillingen. Von der Mutter hat Che Guevara vorgeburtlich eine fundamentale Lebensschwäche (Mond neben Ceres in den Fischen und Haus 12) geerbt, die sich in seiner Atmung (Merkur in den Zwillingen Hausspitze 3) niedergeschlagen hat.

Guevara könnte also seine tief sitzende Lebensangst dadurch bekämpft haben, dass er aus der Opfer- in die Retter- und Verfolger-Rolle gewechselt ist und gleichzeitig das Bezugsfeld (Politik statt Familie) verschoben hat. Dieser Wechsel drückt sich astrologisch als Möglichkeit vor allem in der Oppositionsachse von Priapus und Lilith aus. Damit wäre Guevara ein geradezu klassisches Beispiel dafür, wie aus persönlichen Problemen gewaltige gesellschaftliche Anstrengungen entstehen können. Die ständige revolutionäre Aktion (Lilith Anderthalbquadrat zu Uranus am Widder-AC) wäre für ihn dann nicht nur der berechtigte Kampf gegen schreiende gesellschaftliche Ungerechtigkeiten gewesen, sondern eben auch die aggressive Flucht vor der eigenen Lebensangst (Sonne Konjunktion Priapus), was er sich wahrscheinlich selbst nie eingestanden hat.

Martin Luther

Martin Luther wurde am 10. November 1483 in Eisleben am Ostrand des Harzes geboren. Sein Vater Hans Luder war Häuer im Kupferbergbau, konnte aber später eine Kupfermine pachten und zog mit der Familie nach Mansfeld. Seine Mutter Margarete entstammte einer angesehenen Bürgerfamilie aus Eisenach. Luther wurde von beiden Eltern sehr streng erzogen. Sie achteten aber auf eine sorgfältige Schulbildung.

Martin besuchte zunächst ab 1490 die Elementarschule in Mansfeld, die ihm nicht in guter Erinnerung geblieben ist. Nach sechsjähriger Schulzeit schickten ihn die Eltern auf die weiterführende Schule nach Magdeburg und Eisenach. In Eisenach wohnte er bei der Familie Cotta, die ihn sehr liebevoll umsorgte.

Im April 1501 schrieb sich der siebzehnjährige Luther als Student für das philosophische Grundstudium an der Universität in Erfurt ein. In Erfurt wurde damals die kritische Philosophie des Nominalismus (William von Ockham) gelehrt, die zur traditionellen Scholastik der Kirche im Gegensatz stand. Die Stadt galt als Hochburg der „via moderna". Luther wurde ein fleißiger Student und absolvierte sein Studium in der kürzest möglichen Zeit. Am 7. Januar 1505 bestand er das Examen zum Magister artium als zweitbester von 17 Kandidaten.

Nach dem Willen des Vaters sollte sich das Jurastudium anschließen. Als Luther jedoch ein halbes Jahr später auf dem Heimweg von seinen Eltern kurz vor Erfurt in der Nähe des Dorfes Stotternheim in ein schweres Gewitter geriet und ein Blitz in seiner unmittelbaren Nähe einschlug, gelobte er der Schutzpatronin der Bergleute, der heiligen Anna, dass er ein Mönch werden wolle.

Am 16. Juli 1505 bat er in dem strengen Erfurter Augustiner-Eremiten-Kloster um Aufnahme in den Orden. Es kam zu einem Zerwürfnis mit seinem Vater. Nach dem Probejahr wurde er im September 1506 feierlich in die Ordensgemeinschaft aufgenommen. Im Kloster lernte er nach eigenem Zeugnis zum ersten Mal die Bibel richtig kennen, denn der Orden legte Wert auf biblische Frömmigkeit. Luther versuchte aber vor allem, durch Beten, Fasten und strenge Bußübungen ein vorbildlicher Mönch zu werden. Ganz besonders benutzte er die Beichte, um vor Gott rein und makellos dazustehen.

Im Kloster ließ man Luther zum Priester ausbilden, vielleicht um ihm zu helfen, von seiner Beschäftigung mit sich selbst und seiner übergroßen Sündenangst loszukommen. 1507 wurde er zum Priester geweiht. Bei der Feier der ersten eigenen Messe (Primiz) war auch der Vater zugegen. Der Versuch Luthers, sich mit ihm bei dieser Gelegenheit auszusöhnen, schlug fehl.

1508 wurde Luther vom Kloster eine Hilfsprofessur an der Universität von Wittenberg übertragen. Gleichzeitig studierte er dort weiter Theologie.

1510 begleitete er den Procurator des Erfurter Klosters nach Rom, um dort eine organisatorische Streitfrage klären zu lassen. Die Stadt Rom erlebte er wie ein treuer Sohn der katholischen Kirche. Für ihn war sie die „Mutter der Gläubigen" und er besuchte die heiligen Stätten voller Andacht und legte eine Generalbeichte ab.

Zurück in Wittenberg setzte Luther das unterbrochene Studium fort. Er wurde zum stellvertretenden Prior des Klosters und zum Distriktsvikar befördert mit der Aufsicht über zwölf weitere Klöster. Im Turmgeschoss des Klosters erhielt er einen eigenen, beheizbaren Arbeitsraum zugewiesen, der ihm ein ungestörtes Arbeiten ermöglichte.

Am 18. Oktober 1512 wurde Luther zum „Doktor der Heiligen Schrift" promoviert und am folgenden Tag als Professor in den Senat der Universität aufgenommen. Im Wintersemester begann er mit seinen Vorlesungen. Die alte Frage „Wie bekomme ich einen gnädigen Gott?" bestimmte jetzt auch seine Lehrtätigkeit. Luther galt bei den Studenten aufgrund seiner ehrlichen und schonungslosen Überlegungen als Geheimtipp. Langsam setzte sich bei ihm, vor allem durch das Studium des Römerbriefs des Apostel Paulus, die Überzeugung durch, dass der „Gerechte allein aus dem Glauben" und nicht durch das Verrichten frommer Werke leben wird. Luther fühlte sich durch diese Erkenntnis nach eigener Aussage wie neugeboren und bekam endlich Ruhe vor seinen Ängsten und inneren Anfechtungen. Die „Freiheit vom Gesetz" wurde zu seiner theologischen Grundüberzeugung.

1517 kam Luther als Beichtvater mit der Ablasspraxis in Konflikt. Die Predigten Tetzels, in denen er den Menschen, selbst den Verstorbenen im Fegefeuer, für Geld den Nachlass aller Sünden versprach, auch wenn sie diese gar nicht bereuten, empörten ihn. Luther verfasste seine berühmten 95 Thesen und schickte diese an seine Professorenkollegen an anderen Hochschulen und an seinen Erzbischof Albrecht von Mainz. Als Doktor der Theologie forderte er eine wissenschaftliche Disputation. Luther dürfte aber über die kirchenpolitischen und finanzpolitischen Hintergründe des Ablasses nicht informiert gewesen sein.

Nachdem seine in Latein gehaltenen Thesen, die Luther in Wittenberg in Druck gegeben hatte, in Nürnberg ohne seine Einwilligung ins Deutsche übersetzt worden waren, verbreiteten sie sich in ganz Deutschland und erzielten eine ungeheure Wirkung beim Volk. Die Fachwelt hielt sich allerdings weiterhin zurück. 1518 veröffentlichte Luther in Deutsch den *Sermon von Ablass und Gnade*, der wiederum rasanten Absatz fand. Seine Ablehnung des Ablasses, anfangs noch fragend und zweifelnd formuliert, wurde nun immer sicherer. Er berief sich auf die drei Eckpfeiler seiner Theologie: „Allein auf der Gnade, allein auf der Bibel, allein auf dem Glauben steht die Gewissheit". In seiner Ungeduld schrieb er schließlich selbst an den Papst und bat ihn, durchaus unterwürfig als treuer Sohn der katholischen Kirche, um Klärung der Angelegenheit.

1518 wurde Luther auf dem Reichstag zu Augsburg vom päpstlichen Legaten Cajetan verhört. Er machte zur Bedingung eines Widerrufs, dass er durch die Heilige Schrift widerlegt werde und entzog sich der drohenden Verhaftung durch die Flucht. Der Ordensvorgesetzte Staupitz, sein langjähriger Beichtvater, entband ihn daraufhin von den klösterlichen Gelübden. Luther war damit kein Mönch mehr. In Wittenberg stand er aber unter dem Schutz seines Fürsten Friedrich des Weisen.

Im Sommer 1519 fand die Leipziger Disputation mit Johannes Eck statt. Luther ergriff Partei für Jan Hus, der von einem Konzil als Ketzer verurteilt worden war. Er relativierte die Autorität der Konzilien und erkannte, dass er mit seinen Überzeugungen außerhalb der katholischen Amtskirche stand.

1520 erschienen kurz hintereinander drei wichtige Veröffentlichungen, in denen Luther die Positionen beschrieb, die für die Reformation grundlegend werden sollten: *An den christlichen Adel deutscher Nation, Von der babylonischen Gefangenschaft der Kirche, Von der Freiheit eines Christenmenschen.*

Am 10. Dezember 1920 verbrannte Luther die Bannandrohungsbulle des Papstes zusammen mit den Büchern des Kirchenrechts. Am 3. Januar 1521 wurde er vom Papst gebannt.

Am 17. und 18. April fand das Verhör Luthers vor den Reichsständen und dem Kaiser in Worms statt. Luther war zunächst verunsichert, weil es zu keiner Disputation mit ihm kam. Er erbat sich Bedenkzeit, wollte aber am nächsten Tag seine Lehre nicht widerrufen. Auf der Rückreise nach Wittenberg wurde er am 4. Mai von Friedrich dem Weisen in Schutzhaft genommen. Luther lebte als „Junker Jörg" auf der Wartburg bei Eisenach und übersetzte hier das Neue Testament.

1522 kehrte er nach zehnmonatiger Abwesenheit nach Wittenberg zurück. Es kam zu Auseinandersetzungen mit den Radikalreformern („Wittenberger Bildersturm"). Luther predigte den Wittenbergern, dass „erzwungene Dinge Gott nicht gefallen" und stellte die alte Ordnung wieder her.

In der Folgezeit verschärfte sich der Konflikt zwischen Luther und Thomas Müntzer, der sich als Theologe ebenfalls auf die Bibel berief und daraus soziale Konsequenzen ableitete. Müntzer veröffentlichte Schriften gegen Luther und die Wittenberger Theologie. Daraufhin ergriff Luther, der sich zunächst für eine Verständigung mit den Bauern eingesetzt hatte, in der Schrift „Wider die räuberischen und mörderischen Rotten der Bauern" offen Partei für die Fürsten.

1525 heiratete Luther die entlaufene Nonne Katharina von Bora. Mit ihr hatte er sechs Kinder. Durch den Eheschluss kam es auch zur endgültigen Aussöhnung mit dem Vater. Die Aussöhnung signalisierte aber auch, dass Luther nach einer Phase der Rebellion jetzt zu einem patriarchalischen Gehorsam zurückkehrte. In den folgenden Jahren führte Luther ein sehr normales Leben als Prediger und Familienvater. Es kam zu keinen weiteren reformatorischen Durchbrüchen. Im Gegenteil, er ging sogar hinter viele erkämpfte Positionen zurück. Das gilt insbesondere im Hinblick auf seine Einstellung zu den Juden. Hatte er sich früher für sie eingesetzt und erklärt, dass auch „Jesus Christus ein Jude" gewesen sei, so rief er jetzt in Hetzschriften zu ihrer Verfolgung auf.

Die letzten Lebensjahre Luthers waren sehr von Krankheiten geprägt. Ihn plagten Migräneanfälle, Verdauungsstörungen und auch schwere depressive Verstimmungen. In solchen Phasen der Verbitterung zweifelte er manchmal selbst am Sinn seiner Reformation. Luther starb am 18. Februar 1546 in Eisleben.

Das Horoskop von Martin Luther

Martin Luther hat die erste große Revolution des sich ankündigenden Wassermann-Zeitalters ausgelöst, die bezeichnenderweise auf dem Gebiet der Religion stattfand.

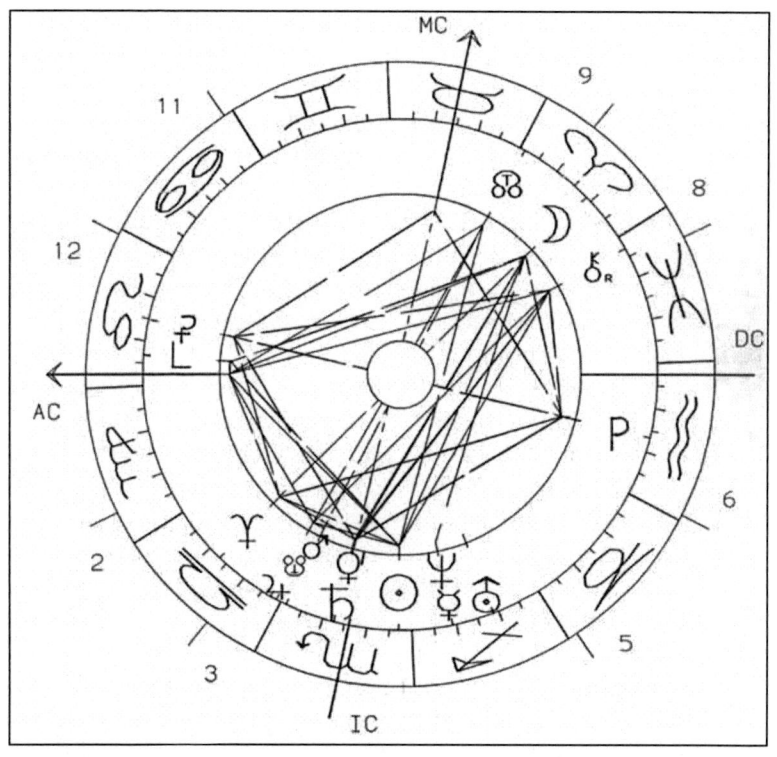

Abbildung 11: Martin Luther, 10. November 1483 um 23.00 Uhr in Eisleben

Auch für die Welt-Zeitalter gilt ja, dass sich der Übergang vom einen zum anderen Tierkreiszeichen nicht plötzlich, sondern allmählich vollzieht, so dass die ersten starken Wassermann-Impulse das Fische-Thema mit berücksichtigen mussten, wie es die Reformation auch bezeugt.

Man könnte erwarten, dass der Reformator Luther ein besonders scharfsinniger theologischer Denker gewesen ist. Aber das Geburtshoroskop zeigt auf den ersten Blick nicht die dafür typische Verbindung der Jungfrau- mit der Wassermann-Energie. In Haus 6 befindet sich aber der Priapus (Mond, Neptun, Pluto) mitten im Wassermann mit einem Halbquadrat zu Chiron (Jungfrau). Eine Stellung mitten im Zeichen bedeutet immer, dass der

103

betreffende Zeichenherrscher gewissermaßen eine Konjunktion mit dem Planeten bildet, der sich im Zeichen befindet. Wir haben es also mit einer verdeckten Priapus/Uranus-Konjunktion zu tun, die durch ihren Aspekt zu Chiron und ihre Stellung in Haus 6 sehr wohl eine Verbindung zwischen dem Wassermann- und dem Jungfrau-Prinzip herstellt.

Diese Konstellation ist aber alles andere als eindeutig. Da hier die uranische Energie unmittelbar mit der neptunischen zusammentrifft und einen Spannungsaspekt zu Chiron besitzt, kann die Überlegung (Chiron) beim Horoskopeigner ungewöhnliche Wege gehen. In Verbindung mit der Opposition zu Ceres (Stier) lässt sich vor allem vermuten, dass das Denken Luthers sehr stark von Sicherheitsängsten (Differenzierung in der Opfer-Rolle) bestimmt wurde. Nimmt man das Quadrat dieser Oppositionsachse zu Saturn am Skorpion-IC hinzu, dann wird sofort deutlich, dass Luthers Sicherheitsängste sehr viel mit Unterwürfigkeit und Schuldgefühlen gegenüber seinen Eltern zu tun hatten, die sich bei ihm aufgrund seiner religiösen Erziehung bis in eine übertriebene Sündenangst bzw. Angst vor der Verdammnis aufschaukelten.

In der Biographie wird berichtet, dass Luther von beiden Eltern (Saturn am IC) sehr streng erzogen wurde und dass ihn nicht nur der Vater, sondern auch die Mutter - wie er es ausdrückte - „gestäubet" (geschlagen) hatte. Der Mond steht in Luthers Horoskop im Widder (Mut bzw. Wut) in Opposition zu Pluto, und bildet ein Anderthalbquadrat zur Lilith am Aszendenten und zur Sonne. Diese Konstellation lässt erkennen, wie fest und unbeirrbar (Pluto) die Mutter (Mond) über Wille (Sonne) und Handeln (AC) des kleinen Luther bestimmt (Widder) hat. Sie hatte sicher auch eine Veranlagung zum Jähzorn (Lilith am AC).

Den Zorn (Mond in Widder in Verbindung mit Lilith am AC) muss Luther wohl von der Mutter geerbt haben. Er schreibt über ihn:

„Ich habe keine bessere Arzenei als den Zorn, denn wenn ich gut schreiben, beten, predigen will, muss ich zornig sein; da erfrischt sich

mein ganz Geblüt, mein Verstand wird geschärft und all meine Anfechtungen weichen." (Zitelmann, S. 12)

Eine strenge Erziehung war für die damalige Zeit nicht ungewöhnlich. Bei Luther kam aber hinzu, dass beide Elternteile zugleich sehr fürsorglich (Saturn am IC mit Quadrat zu Priapus) die Entwicklung des Knaben im Auge hatten. Vor allem der Vater setzte seinen ganzen Ehrgeiz daran, sich im Bergmannsberuf emporzuarbeiten, um seinem Sohn eine gute Schulausbildung finanzieren zu können. Im Horoskop Luthers steht bezeichnenderweise die Venus im Skorpion in Konjunktion mit Saturn am IC und bildet zu Pluto in der Waage ein Halbsextil. Das ist ein deutlicher Hinweis darauf, dass beide Elternteile, Vater (Saturn) wie Mutter (IC), ihm ihre intensive (Skorpion) Sympathie (Venus) entgegengebracht haben.

Wir wissen heute, dass eine solche Mischung aus Fürsorge und Strenge es einem Kind unmöglich macht, sich frei von Schuldgefühlen zu entwickeln. Die Unterdrückung seiner Bedürfnisse kann sich nicht in Rebellion und Wut entladen, weil es gleichzeitig erlebt, wie sehr seine Eltern um sein Wohl besorgt sind. Im Konflikt zwischen Zuneigung und Frustration bleibt ihm nur der Ausweg, seine Aggressionen gegen sich selbst zu richten (Lilith am AC). Das Kind glaubt, dass seine Bestrafung zu Recht erfolgt, weil es den Willen seiner Eltern nicht erfüllt hat. Es kann nicht erkennen, dass die Forderungen der Eltern vielleicht gut gemeint sind, aber eben nicht seinen kindlichen Bedürfnissen entsprechen. Bei Luther kam erschwerend hinzu, dass seine Schuldgefühle ganz im Stil seiner Zeit theologisiert und damit als Sünde, also als Widerspruch gegen Gottes Willen verschärft wurden. Dazu trug nicht zuletzt ein allgegenwärtiger Teufelsglaube bei, den man auch im Hause Luthers pflegte. Von Luthers Mutter wissen wir z.B., dass sie eine Nachbarin der Hexerei beschuldigt hat. (Zitelmann, S. 14 f.)

Luther schrieb später selbst über die damalige strenge Kindererziehung:

„Ein Kind, das einmal kleinmütig geworden ist, ist zu allen Dingen untüchtig und verzagt. Es fürchtet sich allezeit, sooft es etwas tun oder anfangen soll. Was aber noch ärger ist: wo eine solche Furcht in der Kindheit einreißt, kann sie schwerlich wieder ausgerottet werden

sein Leben lang. Denn weil sie bei einem jeden Worte der Eltern erzittern, so fürchten sie sich auch nachher ihr Leben lang vor einem rauschenden Blatte." (Zitelmann, S. 9)

Dass bei Luther die Schuldgefühle ungeheuer groß gewesen sein müssen (Ceres Opposition Priapus, Pluto Trigon Priapus), erkennen wir an der einen theologischen Frage, die ihn ständig umgetrieben hat und die für sein ganzes Leben entscheidend wurde: „Wie bekomme ich einen gnädigen Gott?" Dahinter versteckt sich unerkannt die alte Frage aus seiner Kindheit: „Wie bekomme ich gnädige Eltern?" Diese Frage spiegelt aber nicht nur die verzweifelte Situation des kleinen Knaben im Elternhaus, sondern auch noch die Not des heranwachsenden Luther als Studenten. Nachdem er in Wittenberg, dem Willen des Vaters gemäß, zunächst das Jurastudium ergriffen hatte, wurde er durch das bekannte Sturmerlebnis (Blitzeinschlag neben Luther) aus der Bahn geworfen und gelobte in seiner Todesangst spontan, ein Mönch zu werden. Dieser Entschluss, den Luther prompt in die Tat umsetzte, führte zu einem schlimmen Zerwürfnis mit dem Vater und damit zu erneuten Schuldgefühlen.

Im Augustiner-Kloster zu Wittenberg, in das Luther dann eintrat und das für seine strenge Regel bekannt war, zeigte er einen derartig verrückten Eifer an Buße und Selbstkasteiung (Saturn mit Quadrat zu Priapus mitten im Wassermann), wie man es dort noch nicht erlebt hatte. Luther nahm das Mönchtum todernst (Saturn mitten im Skorpion mit genauem Halbsextil zu Pluto). Sein Beichtvater Staupitz versuchte vergeblich, ihn von seinen Übertreibungen abzuhalten, sah aber, dass er nichts ausrichten konnte, weil Luther von einer fanatischen Sündenangst (ebenfalls Saturn am Skorpion-IC mit Quadrat zu Priapus in der Differenzierung der Opfer-Rolle) getrieben wurde, dass er gar nicht anders konnte, als sich selbst zu bestrafen. Gerade die Beichte wurde für Luther das Sakrament, das er geradezu zwanghaft benutzte, um sich reinzuwaschen.

Man kann den Eintritt ins Kloster und die damit verbundenen Bußübungen psychologisch als Steigerung der Bemühungen auffassen, die Luther bereits als Kind unternommen hatte, um seine Eltern zufriedenzustellen. Er trat jetzt im Gehorsam lediglich die

Flucht nach vorn an, weil er mit der Autorität, die über ihn zu bestimmen hatte, endlich ins Reine kommen wollte. An Stelle der elterlichen Autorität unterwarf er sich nunmehr der klösterlichen, d. h. der himmlischen. Eine gewisse Tragik liegt dabei in dem Umstand, dass er sich gerade mit dieser Radikalisierung (Skorpion) gegen die beruflichen Absichten und Wünsche seiner Eltern stellte und diese enttäuschen musste. So sehen wir bei Luther den klassischen Konflikt eines masochistisch geprägten Menschen, der sich mit all seinen übertriebenen Anstrengungen immer neu in Schuld verstrickt.

Im Horoskop Luthers finden wir die Lilith (Mond, Uranus, Pluto) am Löwe-AC, was ihn zu einem leidenschaftlichen, aber auch selbstherrlichen Kampf befähigen kann. Andererseits steht der Uranus im Schützen ohne Aspekte isoliert. Die uranische Energie (Lilith) dürfte also im Leben Luthers zunächst keine dominante Rolle gespielt haben, was auch durch die unterdrückenden Erfahrungen im Elternhaus belegt ist.

Im späteren Leben sollte der Uranus jedoch eine entscheidende Funktion bekommen: Die „Befreiung" wurde zu Luthers eigentlichem Lebensthema. Als am 2. Juli 1505 der Blitz neben ihm einschlug und ihn zu Boden warf, befand sich der aktuelle Uranus im Quadrat zu seiner Geburtsstellung, der aktuelle Neptun im Quadrat zum Radix-Jupiter, die Mondknotenachse an der AC/DC-Achse und die Konjunktion von Mond und Saturn an der Spitze des 12. Radix-Hauses. Die damit ausgelöste plötzliche Veränderung (Transit-Uranus Quadrat Radix-Uranus) bezog sich auf eine religiöse (Jupiter Quadrat Neptun) Neuorientierung, die ihn ins Kloster (Mondknotenachse) führte und ihn von den Vorstellungen und Plänen seiner Eltern entfernte (Mond und Saturn Hausspitze 12).

Die berühmte Veröffentlichung der 95 Thesen gegen den Ablasshandel am 31. Oktober 1517 wurde astrologisch begleitet von einer Konstellation, die die aktuelle Lilith (Mond, Uranus, Pluto) zusammen mit dem aufsteigenden Mondknoten in Opposition zum aktuellen Saturn und im Quadrat zum Radix-Chiron zeigt (Rebellion als Differenzierung in der Lebensgrundeinstellung der Anpassung). Hier finden wir jetzt den kritischen Theologen Luther, der innerhalb der Kirche (Mondknoten) scharfsinnig argumentiert (Transit-Lilith Quadrat Chiron) und dabei das Thema Schuld und Vergebung (Transit-Saturn an der Transit-Mondknotenachse) in den Mittelpunkt stellt. Der aktuelle Neptun steht bezeichnenderweise im Wassermann in einer weiten Opposition zur Radix-Lilith am Radix-AC. In den folgenden Jahren wird diese Opposition exakt und beschreibt Luthers verbissenen Kampf (Radix-Pluto mit Halbquadrat zum Radix-AC) für eine Umorientierung (Transit-Neptun Opposition Radix-Lilith) im Glauben, der allerdings nicht frei von „verrückten" (ebenfalls Transit-Neptun Opposition Radix-Lilith) Übertreibungen ist.

Luther hatte die Befreiung von seiner Sündenangst erlebt, als er im Römerbrief des Apostel Paulus las, dass allein der Glaube an Jesus Christus den Menschen gerecht macht. Dieser Satz löste bei ihm eine tiefe innere Erfahrung aus, die sich theologisch in seiner Theologie der Rechtfertigung von den drei „sola" niederschlug: Es sind allein das Evangelium (sola scriptura), allein die Gnade (sola gratia) und allein der Glaube (sola fide), die den Menschen vor Gott bestehen lassen. Luther protestierte damit gegen die Vorstellung, dass die Menschen durch die Verrichtung „guter Werke" einen gnädigen Gott bekommen können, also im Grunde gegen jene Unterwerfungsleistung gegenüber äußeren Geboten, die er selbst bisher bis zum Übermaß praktiziert hatte.

Sein Gewissen, das sich jetzt an diesen drei „sola" orientierte, wurde deshalb gerade durch den Ablasshandel entschieden herausgefordert. In seinen Beichtstuhl kamen Leute, die einen Ablasszettel von dem Dominikanerprediger Tetzel erworben hatten und nun von ihm als Priester verlangten, dass er sie im Sakrament der Beichte von ihren Sünden lossprche. Luther wurde so mit dem Anspruch konfrontiert, dass Sündenvergebung käuflich sei. Das konnte gerade er nicht akzeptieren, denn für sein Gewissen war Schuld ein großes und todernstes Problem (Saturn am IC mit Quadrat zu Priapus und Ceres). Schuld konnte für ihn nur durch die Hinwendung zu Jesus Christus im Glauben vergeben werden.

Die Reformation wurde also nicht durch theologisch intellektuelle Spitzfindigkeiten ausgelöst, sondern durch die Empörung eines überempfindlichen Gewissens gegen die geschäftlichen Machenschaften (Ceres Opposition Priapus mitten im Wassermann) in der kirchlichen Bußpraxis (Saturn am IC Quadrat Priapus). Luther konnte von seiner neu gefundenen Glaubensgewissheit gar nicht anders, als gegen diesen Missbrauch der Religion zu protestieren. Dabei dachte er zunächst keineswegs an einen Bruch mit der katholischen Kirche, sondern wollte nur mit anderen Theologen über die Ablassfrage disputieren. Erst die unangemessene und arrogante Reaktion der Amtskirche führte zu einer Radikalisierung in seiner Theologie und damit zur Kirchenspaltung.

Luther kann aber der Vorwurf nicht erspart werden, dass auch er mit seiner polternden Hitzigkeit übers Ziel hinausgeschossen ist. Im Horoskop spricht dafür sowohl der Mond im Widder, der schon zum Haus 9 gehört, als auch das Anderthalbquadrat vom Mond zu Lilith am Löwe-AC und die Konjunktion von Mars/Jupiter am absteigenden Mondknoten in Haus 3. Das Anderthalbquadrat zwischen Sonne und Mond bezeugt zusätzlich einen beträchtlichen Stolz des Horoskopeigners, der sich durch die Verbindung seines Saturns mit der skorpionischen Energie mit einer unzugänglichen Sturheit (Differenzierung in der Opfer-Rolle) aufladen konnte. Luther selbst war diese Charakterschwäche nicht unbekannt. Er sagte über sich selbst: „Ich habe drei schlimme Hunde, Undankbarkeit, Hochmut und Gehässigkeit. Wen die drei Hundt peissen, der ist sehr übel gebissen." Und an anderer Stelle heißt es: „Mit Pochen soll niemand an mir nichts gewinnen." (Zitelmann, S. 12)

Tiefenpsychologisch könnte man Luthers Kampf gegen „Mutter Kirche" und „Vater Papst" auch als eine Objektverschiebung auffassen, mit der er sich zugleich vom Einfluss seiner leiblichen Eltern zu befreien versuchte, ohne es vielleicht selbst zu wissen. Die gravierenden Missstände in der katholischen Kirche und dort vor allem in der Bußpraxis haben dabei den passenden Anlass abgegeben. Im Verlauf der Auseinandersetzung ging er weit über seine anfängliche Kritik hinaus und lehnte schließlich auch die Autorität des Papstes und der Konzilien ab, wenn sie seiner Meinung nach gegen bestimmte Aussagen in der Bibel standen.

Es ging ihm letztlich um die „Freiheit eines Christenmenschen" vom Gesetz, die er allein im Glauben gegeben sah, und damit wohl auch um seine eigene innere Befreiung von einem allzu strengen Gewissen, das ihm seine Eltern anerzogen hatten. Bezeichnenderweise hatte er seinen Geburtsnamen „Ludher" nach seinem Bekehrungserlebnis in „Luther" geändert, was von dem griechischen Wort „eleutheros" stammt und „der Befreite" bedeutet.

Nachdem ich hier zunächst etwas ausführlich versucht habe, an Hand bestimmter Horoskop-Stellungen Luthers Motive aufzuzeigen, die zur Reformation geführt haben, soll nun noch auf das übrige Horoskop eingegangen werden:

Die Sonne in Luthers Horoskop befindet sich an der Grenze zwischen Skorpion und Schütze, was für einen engagierten Willen spricht. Das Halbquadrat zu Pluto in der Waage in Haus 3 und das Quadrat zum Aszendenten fügen eine verbissene Kommunikation hinzu. Was Luther will, setzt er in die Tat um. Da auch Lilith im Löwe-Zeichen und zwar am AC steht, wird deutlich, dass gegen diesen Willen nur schwer anzukommen war, wenn er nicht gerade durch Sündenangst und neurotische Unterwerfungsbedürfnisse (Saturn Quadrat Priapus im Wassermann) außer Kraft gesetzt wurde. Er selbst sprach von dem „harten Kopf", der ihm eigen sei. (Zitelmann, S. 12)

Luther fühlte sich vor allem dann sicher, wenn er sich auf das Evangelium berufen konnte. Diese besondere Wertschätzung des Wortes gerade für Glaube und Religion symbolisiert in seinem Horoskop die ganz genaue Konjunktion von Merkur mit Neptun im Schütze-Zeichen (Lebensgrundeinstellung der Anpassung). Luther lehnte das kirchliche Lehramt von Papst und Bischöfen ab und glaubte, dass die Bibel sich selbst genug sei (Prinzip sola scriptura). Seine große Enttäuschung wurde später, dass er mit ansehen musste, dass sich z.B. die Wiedertäufer und der Bauernführer Thomas Müntzer ebenfalls ausschließlich auf das Evangelium beriefen und dabei zu ganz anderen Ergebnissen kamen.

Merkur im Schützen sowie Jupiter in Haus 3 stehen auch für die Ausweitung des Wortes durch die Predigt. Luther war ein wortgewaltiger Prediger und übte diese Funktion bis an sein Lebensende aus. Auch in der evangelischen Kirche ist bis zum heutigen Tag die Predigt der Mittelpunkt des sonntäglichen Gottesdienstes geblieben und jeder evangelische Pastor wird in erster Linie danach geschätzt, ob er das Wort Gottes in überzeugender Weise auslegen kann.

Für Luther hatte aber der Neptun in Konjunktion mit Merkur in Haus 4 noch die Funktion, dass er versuchte, die Verkündigung des Evangeliums in liedhafter Art zu gestalten. Er selbst spielte sehr gut die Laute und hat auch eine Reihe von Kirchenliedern getextet und komponiert. Nicht umsonst wird gesagt, dass sich die Reformation mit ihren deutschsprachigen Gesängen in die Herzen der Gläubigen gesungen hat.

Neptun in Konjunktion mit Merkur besagt aber auch, dass der Horoskopeigner ein großes Sprachgefühl besaß (Lebensgrundeinstellung der Anpassung). Luthers Ausspruch: „Man muss dem Volk aufs Maul schauen" beschreibt dieses Talent mit einem gewissen Selbstbewusstsein, und vielleicht haben wir es hier sogar mit der unbestritten größten Begabung des Betroffenen zu tun: Er wurde mit seiner Bibelübersetzung der Schöpfer der deutschen Hochsprache.

Jupiter an der Mondknotenachse in Haus 3 in Verbindung mit Uranus im Schützen symbolisiert schließlich Luthers Begeisterungsfähigkeit, wenn er das Wort ergriff, was ihm den Beinamen „die wunnigkliche Nachtigall" eingetragen hat, dass er andererseits auch grob poltern konnte, wird durch den gleichfalls an der Mondknotenachse befindlichen Mars in Verbindung mit Lilith am AC belegt. Als Beispiel sei hier nur von ihm angeführt: „Aus einem traurigen Arsch kann kein fröhlicher Furz kommen".

In den letzten 20 Lebensjahren, inzwischen verheiratet mit der ehemaligen Nonne Katharina von Bora und im Laufe der Zeit Vater von sechs Kindern, war Luther nicht mehr sonderlich theologisch innovativ. Er verwaltete gewissermaßen seine eigene Lehre, versah das Predigtamt und hielt als Professor Vorlesungen an der Wittenberger Universität, vornehmlich über die Schriftauslegung. Sein Chiron wurde nicht mehr durch einen uranischen Transit auf „kritisch" programmiert. In manchen Fragen, so z.B. besonders in seiner Einstellung zu den Juden, nahm er sogar frühere Positionen zurück und wurde erschreckend konservativ. Bei den Bauernaufständen hatte ihn seine Sicherheitsangst (Ceres Opposition Priapus im Wassermann) ohnehin sehr schnell dahin geführt, dass er sich gegen Müntzer gestellt und die Partei der traditionellen Ordnung, also die der Fürsten, ergriffen hatte. So konnte Luther im Unterschied zu Müntzer sein Leben retten und friedlich beenden. Die Reformation aber geriet unter den Einfluss der evangelischen Landesfürsten, was theologisch die Ideologie der Einheit von Thron und Altar hervorbrachte, die ihre Gültigkeit bis in die Hitlerzeit behielt.

Luther war ein zwiespältiger Mensch (Priapus mitten im Wassermann). Seine Betonung der Stellung des persönlichen Gewissens über jede äußere Autorität machte ihn einerseits zu einem modernen Menschen. Auf dieser Basis war er der mutige Reformator (Mond im Widder mit Anderthalbquadrat zu Lilith am AC), der sich auf die Bibel berief, die Freiheit im Glauben verteidigte und gegen die Papstkirche zu Felde zog. Seine Sicherheitsangst (Ceres Opposition Priapus im Wassermann) führte ihn aber andererseits in eine neue Abhängigkeit von den Landesfürsten, auch wenn er vieles an ihrem Verhalten kritisch sah. Hier blieb Luther ein konservativer Mensch (Saturn im Skorpion mit Halbsextil zu Pluto), der sich vor allzu großen Veränderungen fürchtete. Am Ende seines Lebens war er sich selbst nicht mehr ganz sicher, ob seine Reformation, die er so nicht gewollt hatte, ein Segen für Deutschland geworden war.

Der Dreißigjährige Krieg, der nach seinem Tod 1618 ausbrach und in dem die protestantischen Fürsten gegen den katholischen Kaiser standen, sprach dann sein eigenes Urteil, indem er Deutschland total verwüstete. So ist das Lebenswerk Luthers nicht ohne Tragik: Aus ehrlicher Gewissensnot aber auch mit hitzigem Engagement gegen katastrophale Missstände in der Kirche begonnen, geriet es in die Mühlen kirchlicher und weltlicher Politik und entglitt damit mehr und mehr den eigenen ursprünglichen Absichten. Damit bezeugt das Leben Luthers und auch die Reformation in ihrer Entwicklung, wie wenig wir Menschen den Lauf der Geschichte in unserer Hand haben.

Madonna

Madonna (Geburtsname: Madonna Louise Ciccone) wurde am 16. August 1958 in Bay City (Michigan) geboren. Sie war das dritte von sechs Kindern. Ihre Mutter starb an Brustkrebs, als Madonna fünf Jahre alt war. Der Vater, ein Entwicklungsingenieur in der Automobilbranche, heiratete anschließend die Haushälterin der Familie Joan Gustafson und hatte mit ihr noch zwei weitere Kinder. Madonna kämpfte nach dem frühen Tod ihrer Mutter um die Anerkennung ihres Vaters. Zur Stiefmutter fand sie kein gutes Verhältnis.

Madonna wurde von ihren Eltern und in katholischen Schulen sehr religiös und streng erzogen. Dem katholischen Ideal eines demütigen Lebens stand sie aber als Jugendliche eher ablehnend und rebellisch gegenüber. Sie gehörte immer zu den besten Schülerinnen und bekam besondere Aufmerksamkeit bei Theateraufführungen und in der Cheerleader-Mannschaft. Nebenbei lernte sie Klavierspielen und nahm Ballettunterricht. Sie wollte nach der Schule Tänzerin werden. Ihr Tanzlehrer Christopher Flynn erkannte ihr Talent und gab ihr den Rat, nach New York zu gehen, um dort Karriere zu machen.

In New York hielt sie sich mit Gelegenheitsjobs über Wasser, lernte Schlagzeug und Gitarre spielen und schrieb ihre ersten Lieder. Kurzzeitig war sie auch in Paris in Begleitung des Disco-Sängers Patrick Hernandes und trat in seinen Shows als Tänzerin auf. Zurück in New York, gründete sie zusammen mit ihrem Studienfreund Steve Bray mehrere eigene Bands, allerdings ohne nennenswerten Erfolg. Mit der Band „Madonna" wurden ihre Songs tanzorientierter und passten sich der New Yorker Musikszene an.

Madonna trat in Diskotheken auf und suchte Kontakte zu Discjockeys, die Verbindungen zur Plattenindustrie hatten. Durch einen solchen Kontakt bekam sie 1982 ihren ersten Plattenvertrag. Ihre erste Single „Everybody", die sie selbst komponiert hatte, wurde ein Disco-Hit und verkaufte sich 250.000 Mal. Bereits mit der dritten Single „Holiday" schaffte sie die Platzierung unter den Top Ten der Internationalen Charts.

Ihr erstes Album „Madonna" wurde dank ihrer häufigen Auf-
tritte in Fernsehshows und der Ausstrahlung ihrer Videos auf
MTV bereits millionenfach verkauft. Mit dem Album „Like a
Virgin" gelang ihr der internationale Durchbruch. Es hat bis heute eine Auflage von über 20 Millionen erreicht. Zum Stil von Madonna gehörte von Anfang an, sich zu jedem Album einen neuen
„Look" zuzulegen. Damit schuf sie Trends (Tragen von Kruzifi-
xen, bauchfreie Tops, Lederarmbänder usw.), die konservative
Elternverbände häufig schockierten, von ihren Fans aber mit Begeisterung kopiert wurden.

Am 16. August 1985, an ihrem 27. Geburtstag, heiratete sie den
Schauspieler Sean Penn in Los Angeles. Das anschließend er-
schienene und ihrem Mann gewidmete Album „True Blue" mit
der zeitlosen Ballade „Live to Tell" wurde ein großer Erfolg. Madonna hatte an allen Titeln selbst mitgearbeitet. „True Blue"
wurde Nr. 1 in 28 Ländern und konnte 21 Millionen Mal verkauft
werden.

Mit dem Cover-Foto des Albums wurde Madonna zur Pop-
Ikone der 1980er Jahre. Sie ließ sich von berühmten Mode-
Fotografen ablichten und sorgte dafür, dass ihr Bild ständig auf
den Titelseiten der Zeitschriften erschien. Ein cleveres Marketing
benutzte die in den USA entstandene Marilyn Monroe-
Sehnsucht, um sie als neues Sexsymbol herauszustellen. Sie
selbst verstand sich als die „Monroe der 80er Jahre" und versuchte, diese bis in die kleinste Pose zu imitieren. Der Medien-
wirbel um ihre Person erreichte seinen Höhepunkt, als 1985 Aktfotos und Sexfilme aus jener Zeit veröffentlicht wurden, als sie
noch fast mittellos und unbekannt in New York gelebt hatte.

1987 startete Madonna ihre erste Welttournee, die sie auch
nach Deutschland brachte. In das Frankfurter Waldstadion kamen 60.000 Fans, um sie zu sehen. Die Tournee wurde auch in
Japan, den USA, Kanada, England, Frankreich und Italien ein
Riesenerfolg und Madonna galt seither als „Queen of Pop".

Ihre Versuche, als Filmschauspielerin in Hollywood eine Kar-
riere aufzubauen, scheiterten hingegen kläglich. Für den Film
„Shanghai Surprise", wo sie an der Seite ihres Ehemannes eine
Missionsschwester spielte, erhielt sie 1987 die „Goldene Himbee-

re" als schlechteste Schauspielerin des Jahres. Auch ihre Ehe mit Sean Penn geriet in eine schwere Krise und wurde schließlich 1989 geschieden. In dem Album „Like a Prayer" verarbeitete sie ihre gescheiterte Ehe, ihr kompliziertes Verhältnis zu ihrer Familie und ihr gespaltenes Verhältnis zur katholischen Kirche. Der Videoclip zum Titelsong, wo sie leicht bekleidet in einer Kirche tanzend, einen schwarzen Jesus durch Küsse zum Leben erweckt, sorgte dabei für Aufsehen und Proteste.

Madonna machte die Provokation auch weiterhin zu einem Verkaufserfolg. Dafür sorgten neben gewagten Dessous-Kostümen auf ihren Tourneen auch ihre Eheskandale und Liebesaffären, die in der Boulevard-Presse veröffentlicht wurden. Nach der Scheidung von Sean Penn war sie z.B. an der Seite des Hollywood-Womanizers Warren Beatty zu sehen. Der mit ihm zusammen gedrehte Film „Dick Tracy" wurde wieder ein Mega-Flop. Der 1992 veröffentlichte Foto-Band „Sex" mit Nacktfotos von Madonna durfte in Irland und Japan nicht verkauft werden. Der anschließend gedrehte Erotic-Thriller „Body of Evidence" wurde von der US-Filmzensur als pornographisch eingestuft. Madonna spielte darin eine „geile Superschlampe" und erhielt für ihre schauspielerische Leistung erneut die „Goldene Himbeere".

Einen wirklichen Erfolg konnte sie dagegen mit der Hauptrolle in der Verfilmung des Musicals „Evita" von Andrew Lloyd Webber verbuchen. Die Neue Züricher Zeitung urteilte über sie: „Mit Kraft und sündiger Würde spielt sie eine Frau, der Ehrgeiz und Engagement und Pose und Leben immer ein wenig durcheinander geraten." Madonna hatte wohl in der Person der Evita Perón ihr eigenes Naturell glaubwürdig dargestellt.

Nach Affären mit dem Model Tony Ward, dem Rapper Vanilla Ice und dem Basketball-Exot Dennis Rodman traf Madonna 1994 den Fitnesstrainer Carlos Leon. Aus dieser ebenfalls nur kurz bestehenden Verbindung stammte ihre Tochter Lourdes Maria, die am 14. Oktober 1996 geboren wurde. Madonna betonte, dass die Geburt ihrer Tochter ihr Leben verändert habe. Sie beschäftigte sich seitdem mit Yoga, lernte Sanskrit und besuchte eine jüdische Kabbala-Klasse. In dem neuen Album „Ray of Light" trug sie diesem Image-Wechsel Rechnung und verband die Stilrichtungen von Disco, New Wave und frühem Techno zu einer Mischung, die von manchen Kritikern als Ausdruck ihres Selbstfindungsprozesses angesehen wurde.

1998 lernte Madonna in London den britischen Regissuer Guy Ritchie kennen. Die beiden heirateten im Dezember 2000. Aus dieser Ehe stammt ihr Sohn Rocco. Ein drittes Kind mit dem Namen David Banda aus Malawi wurde von den Eheleuten 2006 adoptiert, was in der Öffentlichkeit zu heftigen Kontroversen führte. Ihre neue Rolle als Mutter schlug sich in der Veröffentlichung von fünf Kinderbüchern nieder, in denen Madonna durchaus konservative Ratschläge zur Erziehung erteilte und Einflüsse aus ihrer Beschäftigung mit der Kabbala erkennen ließ.

Ihr sprichwörtlicher Ehrgeiz gab sich allerdings mit der Mutterrolle nicht zufrieden. Sie lebte nunmehr den Spagat zwischen den Beanspruchungen einer Mutter und denen eines Weltstars, ging weiterhin erfolgreich auf Welttourneen und hat inzwischen mit „Hard Candy" ihr 11. Studioalbum veröffentlicht, in dem sie erneut einen Stilwechsel vollzog, dieses Mal zu einer Mischung aus Pop und HipHop Einige weitere Versuche, als Filmschauspielerin zu überzeugen, wurden dagegen zum Flop. Madonna erhielt wiederholt die „Goldene Himbeere" und sogar die Auszeichnung „Schlechteste Schauspielerin des Jahrhunderts".

Kommerziell war sie dagegen sehr erfolgreich, vor allem auch durch ihre Werbeverträge mit Kosmetikfirmen und Modehäusern. Ihr Vermögen wird inzwischen auf rund 450 Millionen US$ geschätzt.

2008 stellte sie auf der Berlinale und anschließend in New York ihren Film „Filth and Wisdom" (Schmutz und Weisheit) vor, in dem sie zum ersten Mal als Regisseurin in Erscheinung trat. Das Thema des Films „Durch Schmutz zur Weisheit" hat wohl Ähnlichkeit damit, wie Madonna ihren eigenen Lebensweg sieht. Die Kritiken waren bis auf einige Ausnahmen anerkennend.

Im November 2008 wurde ihre Ehe mit Guy Richie geschieden und Madonna sorgte für neue Schlagzeilen, als ihre Affäre mit dem 28 Jahre jüngeren brasilianischen Model Jesus Luz bekannt wurde.

Abschließend sei aus der Kritik von Peter Müller in der „Welt-Online" vom 16. August 2008 anlässlich von Madonnas 50. Geburtstag zitiert:

„Sie ist die wahrscheinlich am härtesten arbeitende Frau im internationalen Showgeschäft. Sie hat die immer wieder neu formulierte Herausforderung, die Perfekteste, Trendsicherste, Erfolgreichste sein zu wollen, meist bravourös gemeistert. ... Die Pop-Göre wurde ein Pop-Idol. Sie propagierte weibliches Selbstbewusstsein, ohne sich freilich je als Feministin zu sehen. Sie kultivierte Gegensätze, war Jungfrau und Hure, Trash-Symbol und Sexsklavin, strotzte vor Selbstbewusstsein, gerierte sich als egomanischer Kontrollfreak und inszenierte sich in ihren Bühnenshows als die einzige Pop-Diva unserer Tage. Anstößigkeit wurde zum Karriereprinzip."

Das Horoskop von Madonna

Sie ist die Popdiva, die im internationalen Showgeschäft wahrscheinlich am härtesten, diszipliniertesten, ja verbissensten arbeitet. Sie selbst hat sich das hochgesteckte Ziel gesetzt, die Perfekteste, Trendsicherste und Erfolgreichste sein zu wollen. Und Sie hat es geschafft: Sie ist die unumstrittene „Queen of Pop", millionenschwere Geschäftsfrau, Schauspielerin, Kinderbuchautorin und inzwischen auch Regisseurin.

Dieser überaus ehrgeizige, disziplinierte, ja verbissene Arbeitseinsatz (Lebensgrundeinstellung der Zielstrebigkeit) wird durch das Große Trigon zwischen Lilith (Mond, Uranus, Pluto) im Widder und Haus 8 (Verbissenheit), Saturn im Schützen (sie setzt ihre Pläne in die Tat um) und Sonne im Löwen (durchsetzungsfähiger Star) manifestiert. Das Große Trigon gibt ihrem Tun dabei eine enorme Selbstverständlichkeit. Hinzu kommt noch das aufgesetzte kleine Trigon mit Lilith im Widder, Saturn im Schützen und Chiron im Wassermann in Haus 6, welches das Große Trigon zum Drachendreieck ergänzt und neben ihrem Ehrgeiz ihre berufliche Perfektion (Chiron im Wassermann) stark unterstreicht. Ihr extremer Ehrgeiz kann aber nicht allein mit dem Großen Trigon erklärt werden, da es den beteiligten Energien lediglich Beständigkeit verleiht.

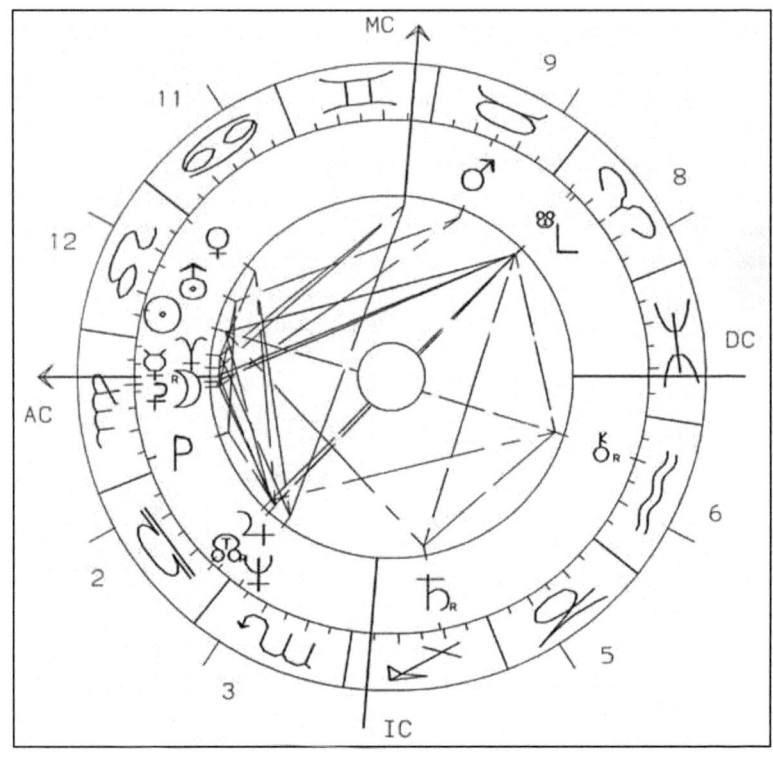

Abbildung 12: Madonna, 16. August 1958 um 7.05 Uhr in Bay City, USMI

Erst durch die Einbeziehung von Jupiter und Mondknoten (Sonne und Mond), die über die Opposition zur Lilith mit uranischer Energie aufgeladen sind und deshalb nach dem Astrologischen Alphabet auch den Saturn im Schützen und das Haus 4 (Mond) zusätzlich uranisch färben, wird ihre enorme Zielstrebigkeit verständlich.

Dass sie als weltberühmte Diva (Chaoten-Rolle) und nicht als irgendein kurzlebiges Popsternchen Karriere macht, verdankt Sie Ihrer Sonne und ihrem Uranus im Löwen, wobei die Sonne ein Trigon zur Lilith bildet und somit in das oben erwähnte Große Trigon eingebunden ist. Ihr Selbstbewusstsein ist nicht nur au-

118

ßerordentlich gut ausgeprägt, sie hat mit dieser Konstellation sicher auch einen Hang zur Selbstüberschätzung.

Begonnen hat sie ihre Karriere als Popsängerin. In den 80er Jahren traf sie den Nerv der Zeit und wurde mit dem Hit „Holiday" berühmt, der zur amerikanischen Sommerhymne im Jahr 1983 avancierte. Ihre erste LP „Madonna" mit dem Titelsong „Like a virgin" verschaffte ihr dann im Jahr darauf einen boomartigen Erfolg. In den folgenden fünfundzwanzig Jahren nutzte sie ihre Merkur/Pluto-Konjunktion im Sextil zu Neptun im Skorpion und Haus 3 sowie den Mond in Konjunktion zu Merkur ausgiebig für erfolgreiche Dancefloor-Hits.

Neben dem Gesang war Tanz immer ein wichtiger Teil ihres Lebens, ja es drängte sie geradezu, sich tänzerisch auszudrücken (Lebensgrundeinstellung der Selbstdarstellung). Mit zwölf Jahren begann sie mit Ballettunterricht. Mehrere Konstellationen in ihrem Horoskop deuten auf eine extreme Veranlagung: Lilith in Haus 8 in Opposition zu Jupiter in Konjunktion mit dem Mondknoten im Waagezeichen, Venus im Halbsextil zu Pluto und Lilith mit Halbquadrat zum DC.

Nie wurde sie müde, in ihrem Metier Trends zu setzen. Zugute kommt ihr hierbei ihre extreme Wandlungsfähigkeit, die an ein Chamäleon erinnert. Sie ist astrologisch begründet in den ambivalenten Konstellationen von Sonne in Haus 12 sowie Uranus im Löwen mit Halbquadrat zu Priapus (Differenzierung in der Star-Rolle). Diese direkte Verbindung zwischen den uranischen und neptunischen Energien verleiht ihr die ungewöhnliche Fähigkeit, sich stets neu zu erfinden. So konnten Kritikerzweifel an ihrem Gesangstalent, Eheskandale und Liebesaffären oder auch Auszeichnungen mit der „Goldenen Himbeere" für schlechte schauspielerische Leistungen ihrem Erfolg kaum schaden. Oft bewirkten sie sogar das Gegenteil. Falls Madonna doch einmal Gefahr lief, an Popularität einzubüßen, verpasste sie sich geschickt ein neues Image und stand damit wieder im Interesse der Medien. Einer ihrer großen Hits war „Material Girl", mit der wiederkehrenden Zeile:

'Cause we are living in a material world
and I am a material girl.

You know that we are living in a material world,
and I am a material girl.

Ohne Bedenken kann man von Madonna behaupten, dass sie sehr materialistisch (Stier mit Wassermann) orientiert ist. Wir finden den Beleg für diese Behauptung in der Konstellation Lilith im Widder mit Anderthalbquadrat zu Ceres am AC und Uranus mit Quadrat zu Mars im Stier (Lebensgrundeinstellung der Zielstrebigkeit). Für ihre finanzielle Sicherheit tut sie also einiges, wobei sie auch sehr berechnend vorgeht. Mit dem Drachendreieck zwischen Sonne, Lilith, Chiron und Saturn im Schützen kann sie ihren beruflichen Erfolg mit geradezu fanatischer Energie planen. Von Beginn ihrer Karriere an hat sie sich als Sexikone (Venus Halbsextil Pluto) stilisiert, als neue Marilyn Monroe, und bediente damit profitsicher die in den USA neu aufgeblühte Sehnsucht nach diesem Star. Madonna hat sich auch nie gescheut, selbst mit plattesten Mitteln, die Aufmerksamkeit auf sich zu ziehen und zu provozieren. Mit Lilith im Widder in Haus 8 (extremer Mut) mit Anderthalbquadrat zum Jungfrau-AC (Provokation) und Opposition zur Konjunktion Jupiter/Mondknoten in der Waage (Beliebtheit), wusste sie stets Sex und Obszönität für ihre Popularität einzusetzen, getreu dem Ausspruch Oskar Wildes: „Famous or infamous, what's the difference?".

Nach der Geburt ihrer Tochter Lourdes einige Jahre später kam auch noch ein Sohn zur Welt, und sie widmete sich ernsthaft der Rolle einer Mutter, die ihr mit Saturn im Schützen am IC bzw. mit Hausspitze 11 im Krebs nicht fremd ist. Für ihre Häuslichkeit und Mütterlichkeit sprechen auch Lilith mit Anderthalbquadrat zum Mond, der seinerseits ein Halbquadrat zu Jupiter in Konjunktion mit dem aufsteigenden Mondknoten bildet, außerdem Lilith an der Mondknotenachse und Uranus mit Halbsextil zum Mond (Lebensgrundeinstellung der Zielstrebigkeit). Ihre Kreativität ließ sie in dieser Zeit in Kinderbücher fließen, wozu bei ihr durchaus ein Talent dafür erkennbar ist, denn ihr Merkur steht in der Jungfrau am AC und Uranus im Löwen (Lebensgrundeinstellung der Erfindung und Selbstdarstellung) und bildet ein Halbsextil zum Mond.

In letzter Zeit versucht Madonna sich auch als Regisseurin. In einem Interview für Spiegel-Online sagt sie von sich selbst, dass die Schauspielerei nicht wirklich ihre Sache sei, da sie nicht nur einen Teil einer Geschichte darstellen, sondern die Fäden der ganzen Geschichte in der Hand halten wolle. Der Grund hierfür könnte in ihren Kontrollbestrebungen zu finden sein und wie manche, nicht ganz so wohlmeinende Kollegen sagen, in ihrer Herrschsucht (Verfolgerrolle). Die Sonne in Opposition zu Chiron im Wassermann in Haus 6 und die starke Besetzung der Jungfrau mit AC, Ceres, Mond, Merkur und Pluto sprechen für ein ausgeprägtes Perfektionsbedürfnis. Die Sonne mit Trigon zu Lilith im Widder in Haus 8 und im Trigon zu Saturn deutet hingegen auf ihren starken Durchsetzungswillen hin.

Tatsächlich waren ihre Filmrollen nie sonderlich erfolgreich. Bis auf ihre Rolle der Evita Perón im Musical Evita konnte sie nie wirklich überzeugen. Im Gegenteil, oft erhielt sie sogar die Goldene Himbeere für ihre künstlerische Darbietung.

Wie den letzten Meldungen über den Superstar zu entnehmen ist und auch die Gerüchte seit Mitte des Jahres 2008 bestätigen, will Madonna sich scheiden lassen. Aber sicher wird sie auch als alleinerziehende Mutter (Mond Halbsextil Uranus, Hausspitze 11 im Krebs) und mit über 50 Jahren auf der Bühne präsent bleiben. Popularität (Jupiter Konjunktion Mondknoten in der Waage in Opposition zu Lilith in Verbindung mit Venus Halbsextil Pluto) und Reichtum (Ceres am AC mit Anderthalbquadrat zu Lilith in Verbindung mit Mars im Stier) verleihen ihrem Leben Sinn (Priapus Halbsextil Jupiter). Zwar könnte man dagegen einwenden, dass sie sich auch idealistisch betätigt hat, als sie z.B. 2004 zum jüdischen Neujahrsfest auf einer Pilgerreise Israel besuchte und sogar einen zweistelligen Millionen-Dollarbetrag in „Kabbala Centre"-Schulen investierte. Es bleibt aber die Frage, ob ihr Engagement für diese vereinfachte Form der Kabbala, die von Forschern und Geistlichen auch als Modereligion bezeichnet wird, ein wirklich tiefgreifendes religiöses Interesse beinhaltet oder nicht nur wieder eine der vielen medienwirksamen Inszenierungen war, wie sie für Madonna typisch sind.

Karl Marx

Karl Marx wurde am 5. Mai 1818 in Trier geboren. Er war der Sohn eines wohlhabenden jüdischen Rechtsanwalts mit einer politisch liberalen Einstellung. Um seinen Beruf auch unter den herrschenden judenfeindlichen Gesetzen Preußens ausüben zu können, trat der Vater zum Protestantismus über.

Von 1830 bis 1835 besuchte Marx das Trierer Gymnasium und legte dort im Alter von 17 Jahren das Abitur ab. Im Oktober 1835 ging Marx für ein Jahr nach Bonn und studierte nach dem Willen seines Vaters an der dortigen Universität Jura. Er führte allerdings ein eher ausschweifendes Studentenleben.

Im Sommer 1836 verlobte sich Marx heimlich mit Jenny von Westphalen, der Tochter eines wohlhabenden Regierungsrats. Anschließend schrieb er sich in Berlin an der juristischen Fakultät ein. Er verlor aber bald das Interesse an der Jurisprudenz und wandte sich der Philosophie und der Geschichtswissenschaft zu.

Im Sommer 1837 kam Marx in Kontakt mit Jung- und Linkshegelianern um Bruno Bauer. Dieser Kreis motivierte ihn, sich intensiv mit der Philosophie Hegels auseinanderzusetzen. 1841 promovierte er an der Universität Jena mit der Arbeit „Differenz der demokritischen und epikureischen Naturphilosophie" zum Doktor der Philosophie.

1842 ging Marx zurück ins Rheinland und betätigte sich als Journalist für die neu gegründete Rheinische Zeitung, einem Oppositionsorgan des liberalen Bürgertums, das sich kritisch mit der ökonomischen und sozialen Situation der beginnenden Industrialisierung in Deutschland auseinandersetzte. Im Oktober übernahm er dort die Leitung als Chefredakteur. Am 1. April 1843 wurde die Zeitung von der preußischen Zensur verboten.

Unter dem Einfluss von Feuerbach beschäftigte sich Marx seit 1843 erneut mit der Philosophie Hegels, der er jetzt kritischer gegenüberstand. Nach dem Verbot der Rheinischen Zeitung ging Marx nach Paris, der geistigen Hauptstadt Europas, und versuchte dort zusammen mit Arnold Ruge die Deutsch-Französischen Jahrbücher herauszugeben. Es kam jedoch zu keiner dauerhaften Zusammenarbeit mit den katholisch geprägten französischen Sozialisten. Auch die beiden Herausgeber entzweiten sich, so dass nur eine einzige Auflage von 1000 Stück erscheinen konnte. Gegen Marx und Ruge wurden in Deutschland Haftbefehle erlassen.

Marx begann sich mit politischer Ökonomie zu beschäftigen und setzte sich mit den französischen Sozialisten auseinander. In den „Ökonomisch-philosophischen Manuskripten" entwickelte er 1844 seine Theorie der „entfremdeten Arbeit".

Er lernte in Paris Intellektuelle aus verschiedenen Nationen kennen, so auch Heinrich Heine, Pierre Joseph Proudhon und Michail Bakunin. Die wichtigste Begegnung fand aber mit Friedrich Engels statt, die eine lebenslange Freundschaft begründete. Mit ihm zusammen veröffentlichte er 1844 die Schrift „Die heilige Familie", die mit den Berliner Junghegelianern und seinem ehemaligen Mentor Bruno Bauer abrechnete.

Anfang 1845 wurde Marx auf Betreiben Preußens aus Paris ausgewiesen. Er ging zunächst ins Exil nach Brüssel, wohin ihm Engels folgte. Im Dezember 1845 gab er seine preußische Staatsbürgerschaft auf und wurde damit ein Staatenloser.

1846 entstand in Zusammenarbeit mit Engels die zweite gemeinsame Schrift „Die deutsche Ideologie", die allerdings keinen Verleger fand. Hier entwickelten Marx und Engels ein materialistisches Geschichtsverständnis, das sich im Unterschied zu Hegel nicht auf den Weltgeist berief, sondern auf die sozialen Beziehungen der wirklich tätigen Menschen. Besondere Aufmerksamkeit widmeten sie dabei dem Problem der Arbeitsteilung als bestimmendes Moment der geschichtlichen Entwicklung.

Im selben Jahr versuchten Marx und Engels eine internationale revolutionäre proletarische Bewegung zu organisieren und gründeten das „Kommunistische Korrespondenz-Komitee". Außerdem schlossen sie sich Wilhelm Weitlings „Bund der Gerechten" an, der von Paris nach London übergesiedelt war. Marx begann in dieser Zeit mit der Arbeit an seinem Werk „Kritik der politischen Ökonomie", das allerdings erst 1859 veröffentlicht wurde.

1847 erhielten Marx und Engels vom „Bund der Gerechten", der sich auf ihr Betreiben hin inzwischen in „Bund der Kommunisten" umbenannt hatte, den Auftrag, eine programmatische

Schrift zu verfassen. Diese erschien als „Kommunistisches Manifest" 1848 in London.

Als Frankreich nach der Februarrevolution 1848 wieder zur Republik erklärt wurde, kehrte Marx für kurze Zeit nach Paris zurück. Nach Ausbruch der Märzrevolution in Deutschland wirkte er in Köln an der Herausgabe der Neuen Rheinischen Zeitung mit und wurde ihr Chefredakteur, bis sie im Mai 1849 erneut verboten wurde. Marx musste Köln verlassen und lebte fortan bis zum Lebensende mit seiner Familie in London.

Er verdiente dort seinen Lebensunterhalt als Journalist. Aber seine finanziellen Verhältnisse blieben äußerst bescheiden, so dass seine Kinder zeitweise nicht einmal die Schule besuchen konnten. Später unterstützte ihn sein Freund Engels, der ihm nach London gefolgt war, mit regelmäßigen Zahlungen. 1863 konnte er das väterliche Erbe antreten, womit sich seine Situation einigermaßen stabilisierte.

In London erarbeitete Marx den endgültigen Stand seiner Kritik des Kapitalismus. Nach der gescheiterten Revolution von 1848 erschien 1852 seine Schrift „Der achtzehnte Brumaire des Louis Bonaparte". Ab 1852 wurde Marx Korrespondent der New York Tribune und bis zum Ausbruch des Amerikanischen Bürgerkriegs der zuständige Redakteur für Europa. 1859 veröffentlichte Marx sein Werk „Zur Kritik der politischen Ökonomie", in dem er sich mit dem Themenkomplex Ware und Geld auseinandersetzte. Diese Überlegungen wurden in seinem Hauptwerk „Das Kapital" 1867 erneut aufgegriffen und um die Themen Kapital, Mehrwert, Lohnarbeit und Akkumulation ergänzt.

1864 wirkte Marx an der Gründung der Internationalen Arbeiter-Assoziation (Erste Internationale) mit und verfasste selbst das grundlegende Programm, die „Inauguraladresse der Internationalen Arbeiter-Assoziation". Die Erste Internationale vereinigte als Dachorganisation für 13 europäische Länder und die USA ganz unterschiedliche sozialistische Gruppierungen. Der Konflikt zwischen der autoritären Richtung von Marx und der antiautoritären von Bakunin führte 1872 zur Spaltung und 1876 schließlich zur Auflösung der IAA.

In den deutschen Staaten bemühte sich Marx um die Gründung einer revolutionären Partei, was ihm mit Unterstützung durch Wilhelm Liebknecht 1869 gelang. Diese „Sozialdemokratische Arbeiterpartei" vereinigte sich 1875 mit den Lassalleianern zur „Sozialistischen Arbeiterpartei Deutschlands, der späteren SPD. Marx nahm in seiner letzten theoretischen Schrift „Kritik des Gothaer Programms" zu dieser Vereinigung ablehnend Stellung.

Die letzten Lebensjahre von Marx waren von Krankheiten überschattet und behinderten seine Schaffenskraft. Er konnte aus diesem Grund sein wissenschaftliches Werk nicht selbst vollenden. Viele Werke, darunter auch Band 2 und 3 des Kapitals, wurden erst nach seinem Tod veröffentlicht. Im Dezember 1881 starb seine Frau, im Januar 1883 seine älteste Tochter Jenny. Von diesen beiden Schicksalsschlägen konnte Marx sich nicht mehr erholen. Er starb kurz danach am 14. März 1883 in London.

Das Horoskop von Karl Marx

Karl Marx war unbestritten ein bedeutender origineller und kritischer Denker. Im Horoskop würde man deshalb eine Verbindung der Jungfrau-Energie mit der Wassermann-Energie erwarten. Auf den ersten Blick zeigt sich aber nur, dass Chiron (Jungfrau) in Konjunktion mit Pluto im Fische-Zeichen ein Quadrat mit Neptun bildet, was für extreme Hilfsbereitschaft bzw. für ein idealistisches Denken spricht (Differenzierung in der Lebensgrundeinstellung der Anpassung).

Die Energie-Verbindung für ein ungewöhnliches und innovatives Denken gibt es jedoch, nur ist sie etwas versteckt: Chiron bildet wie gesagt ein Quadrat zu Neptun, und Neptun steht an der Spitze von Haus 11, befindet sich also gewissermaßen mit Uranus in einer Konjunktion, der auf diese Weise auch mit Chiron zu einem Quadrat-Aspekt kommt.

Darüber hinaus wird noch die gesamte Fische-Energie über Saturn mit der Wassermann-Energie verbunden, weil der Saturn mitten in den Fischen steht, was wiederum einer Konjunktion mit Neptun entspricht, und gleichzeitig ein genaues Quadrat zu Lilith (Mond, Uranus, Pluto) bildet.

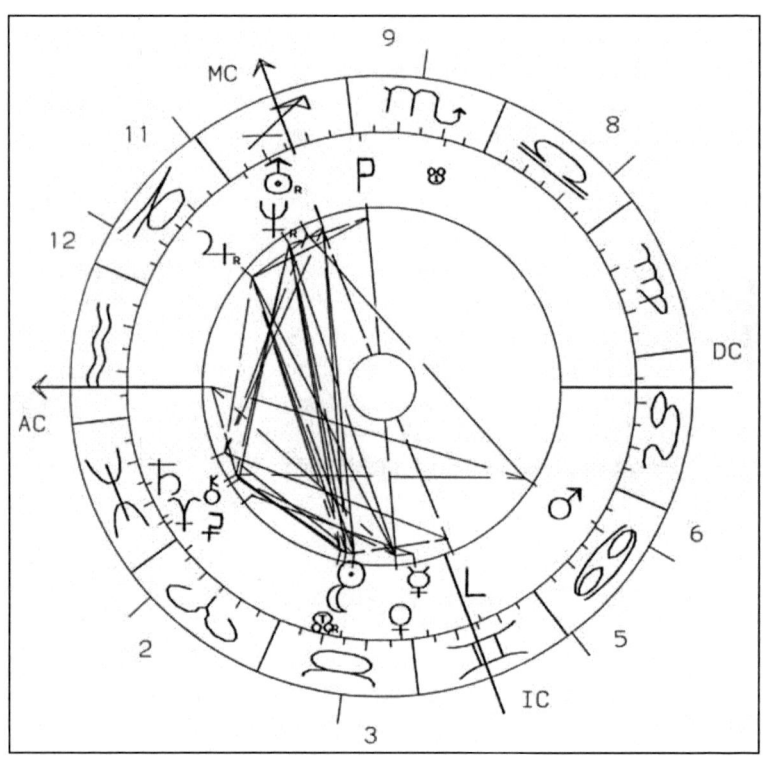

Abbildung 13: Karl Marx, 5. Mai 1818 um 2.00 Uhr in Trier

Die unmittelbare Verbindung von Wassermann- und Fische-
Energie, für die auch die weite Konjunktion zwischen Neptun
und Uranus im Schütze-Zeichen steht, ist also konstitutiv im Horoskop von Karl Marx und wirkt sich damit auf alle Konstellationen aus, die eine neptunische oder uranische Energie beinhal-
ten. Sie macht auch erklärbar, dass das eigensinnige uranische
Denken von Marx gleichzeitig sozial, also neptunisch ausgerichtet war, wobei der Mars an der Spitze von Haus 6 und Chiron
mit Halbsextil zum Wassermann-AC eine kämpferische Note
beisteuerten.

Wenn sich die neptunische und uranische Energie miteinander
verbinden, besitzt der Horoskopeigner immer eine gewisse Ge-

nialität, die aber auch in eine „Verrücktheit" umschlagen kann. Die grundlegende Idee von Marx, dass die gesellschaftlichen Verhältnisse (in der Marx'schen Terminologie das „Sein") das Bewusstsein bestimmen, ist zweifellos eine solche geniale Entdeckung, und er wurde damit nicht nur der Analytiker der Klassengesellschaft und der Theoretiker des Klassenkampfes (Mars im Krebs Spitze Haus 6 in Verbindung mit Wassermann-AC), sondern unbestritten auch einer der Begründer der Soziologie. Die Stellung von Saturn mitten in den Fischen kann nämlich in der Differenzierung auch bedeuten, dass man die Menschen als Opfer der gesellschaftlichen Verhältnisse (Saturn) sieht.

Aufgrund seiner starken Stier-Betonung hat Marx die gesellschaftlichen Strukturen allein aus den Eigentumsverhältnissen hergeleitet. Alles andere (Kultur, Philosophie, Recht, Religion) war für ihn nur „Überbau". In dieser Verabsolutierung der Bedeutung der Wirtschaft für das Verhalten der Menschen (Duett zwischen Ceres und Merkur) liegt gleichzeitig die „Verrücktheit" seiner Überlegungen.

Marx studierte zunächst Rechtswissenschaften, was auf ein betontes (erregtes) Saturn-Prinzip schließen lässt. Im Horoskop sehen wir das Quadrat zwischen Saturn und Lilith, die Konjunktion zwischen Uranus und MC und die Opposition von Lilith zum MC. Diese Konstellationen sind Verfolger-Stellungen und sprechen gleichzeitig für starken Ehrgeiz und großen Fleiß, wenn sie aus der Elternrolle gelebt werden, aber auch für einen rebellischen Geist, wenn die Kindposition das Verhalten dominiert (Differenzierung).

Dass Marx in grundsätzlicher Opposition zur bürgerlichen Gesellschaft und ihrem Eigentumskult (Stier) stand, dürfte bekannt sein. Er hat aber seinen rebellischen Kampf gleichzeitig mit einer großen Schaffenskraft geführt (Verbindung der Prinzipien von Steinbock und Wassermann), und seine Stier-Betonungen sprechen für eine unermüdliche Ausdauer.

Seine Waffe war dabei das kritische Wort als Journalist und Autor, was wiederum im Horoskop überdeutlich mit der Betonung des 3. Hauses und des Zwillinge-Zeichens mit Merkur und Lilith (Lebensgrundeinstellung der Selbstdarstellung) angezeigt wird. Gerade mit Lilith und der gleichzeitig gegebenen Saturn-Verbindung zu Lilith wird erklärlich, dass Marx ein ungewöhnlich scharfzüngiger Journalist war, der die Probleme auf den Punkt (Saturn) zu bringen verstand und der auch eine Begabung zu Spott und Ironie besaß (Verfolger-Rolle).

Die spätere Hinwendung zum Studium der Philosophie, die Marx bekanntlich mit dem Doktorgrad abschloss, ist eine typische Entsprechung der Energien von Jungfrau (Chiron), Wassermann, Fische und Schütze, denn durch die Schütze- und Fische-Energie (Jupiter Halbquadrat zu Priapus in Haus 9) wird das kritische Denken (Jungfrau mit Wassermann) mit der Sinnsuche verbunden, was für ein philosophisches Interesse (Lebensgrundeinstellung der Anpassung und Hingabe) konstitutiv ist.

Die Besonderheit der Philosophie von Marx lag aber darin, dass er seine philosophischen Überlegungen auf die Nationalökonomie stützte, sie also gewissermaßen gesellschaftlich zu erden versuchte. Wie er es selbst formulierte, wollte er Hegel vom Kopf auf die Füße stellen. Die Veranlagung hierzu sehen wir in der stark gestellten Stier-Energie. Sonne, Mond, aufsteigender Mondknoten (Sonne und Mond) und die Venus stehen im Stier-Zeichen. Der Merkur bildet mit Ceres ein Duett ohne sonstige Aspekte, wobei Ceres auch noch an der Spitze von Haus 2 steht. Da mit der Stier-Energie gleichzeitig die Zwillinge-Energie verbunden ist, wird gut verständlich, dass sich Marx philosophisch und journalistisch vor allem für wirtschaftliche Themen interessierte und dass sein Hauptwerk „Das Kapital" heißt.

Diese philosophische Intellektualisierung der Stier-Energie (Mond im Stier mit Halbquadrat zur Konjunktion Chiron/Pluto und Anderthalbquadrat zu Neptun) ist wohl auch die Erklärung dafür, dass Marx zwar viel von Ökonomie verstand und wie kein zweiter den Kapitalismus einer grundlegenden und auch heute noch gültigen Kritik unterzogen hat, dass er aber selbst nicht besonders fähig war, Geld zu verdienen (Differenzierung in der Opfer-Rolle). Sein Freund Engels hat ihn und seine Familie im Londoner Exil bis zum Ende seines Lebens mit regelmäßigen Zuwendungen über Wasser gehalten.

Für Marx ging es vorrangig um gesellschaftliche Gerechtigkeit, und er kämpfte deshalb mit seinen Schriften für den Besitz der Armen, was astrologisch einer Verbindung der Stier- Energie mit der Widder- und Fische-Energie entspricht. Der Kleinplanet Ceres (Stier) steht bezeichnenderweise im Widder an der Grenze zum Fische-Zeichen. Das Nachdenken des Horoskopeigners über Gerechtigkeit wird dabei durch die geschlossene Aspektfigur von Chiron/Pluto, Neptun und Venus motiviert, aber auch durch das Quadrat zwischen Chiron und Neptun sowie die Opposition zwischen Priapus (Mond, Neptun, Pluto) und Venus. Nach dem Astrologischen Alphabet werden so die Energien von Jungfrau, Waage und Fische verbunden, ohne die ein Sinn für Gerechtigkeit nicht erwartet werden kann.

Die rebellische Analyse der Gesellschaft (Chiron Quadrat Neptun Spitze Haus 11 mit Trigon zu Mars im Krebs Spitze Haus 6), die Marx intellektuell mit der Mehrwerttheorie begründete, mündete schließlich in der Aufforderung zur „Expropriation der Expropriateure", also der Enteignung der Ausbeuter, womit die kapitalistischen Unternehmer gemeint waren. Marx verstand seinen kommunikativen Kampf für die entrechteten Proletarier (Lilith in den Zwillingen Quadrat Saturn in den Fischen) wohl durchaus als eine Form der Hilfsbereitschaft, wie sich aus der Spannungsfigur von Mond Anderthalbquadrat zu Neptun und Halbquadrat zur Konjunktion Chiron/Pluto in den Fischen ersehen lässt.

Der Kampf wurde von Marx intellektuell geführt (Mars Spitze Haus 6 mit Trigon zu Chiron/Pluto, Chiron/Pluto mit Halbsextil zum Wassermann-AC). Das Halbsextil von Pluto/Chiron zum Wassermann-AC erklärt zusätzlich eine gewisse Verbissenheit des Horoskopeigners in der Kritik. Die Zeichenstellung des Mars im Krebs zusammen mit der Position des Zeichenherrschers Mond im Stier mit Anderthalbquadrat zu Neptun verweist auf die Armen (Differenzierung in der Opferrolle), um die sich der Horoskopeigner auf seine Art gekümmert hat. Und die beiden Quinkunxe, die der Mars zum Wassermannn-AC und zu Uranus im Schütze-Zeichen bildet, symbolisieren als langfristige Orientierung einen ungeduldigen und auch rücksichtslosen Geist (Chaoten-Rolle), dem Marx z.B. als Journalist und Autor (Betonung der merkurischen Energie) kämpferischen Ausdruck verliehen hat.

Im Horoskop von Marx befindet sich der Jupiter mitten im Steinbock und das MC mitten im Schützen (Rezeption). Dieser direkte Konflikt zwischen der Schütze- (Unternehmer) und der Steinbock-Energie (Staat) wurde von ihm so gelöst, dass er das freie Unternehmertum abschaffen und den Staat zum alleinigen Unternehmer machen wollte. Der Staat sollte aufhören, das Machtinstrument der herrschenden Klasse zu sein und vielmehr nach der Umwandlung des unternehmerischen Vermögens in Volkseigentum nur noch den Besitz des Volkes im Interesse des Volkes verwalten. Marx sprach vom „Absterben des Staates" nach einer Übergangsphase der Diktatur des Proletariats, womit vor allem der Verlust seiner Unterdrückungsfunktion gegenüber der Arbeiterklasse gemeint war.

Im Unterschied zu seinen kapitalismus-kritischen Analysen, die durchaus nachvollziehbar sind, haben die historischen Herleitungen (Historischer Materialismus) und die Zukunftserwartungen von Marx (klassenlose Gesellschaft) ideologischen Charakter. Sie tragen Züge einer Ersatzreligion, wobei Marx bekanntlich die traditionelle christliche Religion als „Opium für das Volk" strikt abgelehnt hat. In seinem Horoskop befindet sich die Spannungsfigur Jupiter Halbquadrat Priapus (Mond, Neptun, Pluto) in Haus 9 mit Anderthalbquadrat zur Venus. Sie symbolisiert ein grundlegendes Vertrauen (Jupiter Halbquadrat Priapus) in eine gesellschaftliche Harmonie (Venus), das für Marx wohl zur Grundlage (Lebensgrundeinstellung der Anpassung) seiner kritischen Überlegungen zur Überwindung des Kapitalismus wurde: Seine Lehre von der Urgemeinschaft, in der es nach seiner Überzeugung noch keine Ausbeutungsverhältnisse gab und seine Erwartung, dass sich nach der proletarischen Revolution im Kommunismus wieder eine ähnliche Harmonie (klassenlose Gesellschaft) bei entwickelteren Produktionsverhältnissen einstellen werde, legen davon Zeugnis ab.

Wie bei vielen Menschen, die auf einem Gebiet des Lebens einen sehr verantwortungsbewussten und extrem moralischen Standpunkt einnehmen, kehrt sich das Verhalten auf einem an-

130

deren Gebiet genau ins Gegenteil. So auch bei Marx. Seine Kritik am ausbeuterischen Kapitalismus (moralische Verfolgung in der Gesellschaft) hinderte ihn nicht, seine Töchter auf einem Debütantinnen-Ball zu präsentieren, also auf einem typisch kapitalistisch-bürgerlichen Heiratsmarkt. Und mit seiner Haushälterin zeugte er ein uneheliches Kind (Lilith Spitze 4 in Opposition zum MC im Schützen), das dann im Kinderheim aufwuchs und wofür aus politischen Gründen sein Freund Engels die Vaterschaft übernehmen musste (moralische Rebellion im Privatleben).

Das ändert aber nichts an der bleibenden Bedeutung von Marx als politischen Denker, der als einer der ersten den Kapitalismus einer umfassenden und scharfsichtigen Analyse unterzogen hat und der einer der Begründer der Soziologie war. Seine Kritik wurde die theoretische Grundlage der real existierenden sozialistischen Länder im 20. Jahrhundert und gewinnt gerade heute im Zuge der wilden Globalisierung und des inzwischen offensichtlichen Zusammenbruchs der neoliberalistischen Ideologie eine ganz neue Aktualität.

Ulrike Meinhof

Ulrike Meinhof wurde am 7. Oktober 1934 in Oldenburg geboren. Ihre Eltern waren von Beruf Kunsthistoriker. Den Vater verlor sie im Alter von 5 Jahren. Beim Tod der Mutter war sie 14 Jahre alt. Danach fand sie bei der Professorin Renate Riemeck, die später die Deutsche Friedens-Union gründete und die mit der Mutter befreundet gewesen war, ein neues Zuhause. Durch Renate Riemeck kam sie auch mit sozialistischen und pazifistischen Gedanken in Kontakt.

Die junge Ulrike besuchte das Gymnasium in Weilburg/Lahn und war dort unter ihren Mitschülern sehr beliebt. Sie galt als einfühlsam und hilfsbereit. Nach dem Abitur studierte sie in Marburg und Münster Philosophie, Soziologie, Germanistik und Pädagogik. Als es Überlegungen gab, die Bundeswehr mit Atomwaffen auszurüsten, organisierte sie in Münster die ersten

Anti-Atomtod-Märsche. Auf einem Studentenkongress gegen Atomrüstung lernte sie 1958 den Chefredakteur und Herausgeber der linksorientierten Hamburger Zeitschrift „Konkret", Klaus Rainer Röhl, kennen.

1960 wurde Ulrike Meinhof Mitglied in der Redaktion von „Konkret" und übernahm später die Chefredaktion, die sie bis 1964 innehatte. Im Dezember 1961 heiratete sie Klaus Rainer Röhl. In der Ehe wurden ihr zwei Mädchen geboren (Zwillinge).

In ihren Kolumnen setzte sich Ulrike Meinhof mit der Situation von Randgruppen auseinander. Sie schrieb gegen den Vietnam-Krieg, gegen die Notstandsgesetze, gegen die Springer-Presse und gegen die Blindheit gegenüber der Nazi-Vergangenheit. Ihr ging es um den publizistischen Einsatz für ein neues politisches Bewusstsein und eine bessere Gesellschaftsordnung. Deshalb kam es zum Bruch mit ihrem Mann, als er aus Gründen der Umsatzsteigerung auch Sex und Crime in *Konkret* aufnehmen wollte. Sie trennte sich von Röhl und ging 1967 mit ihren Kindern nach Berlin.

Beruflich drehte sie für das TV-Magazin Panorama zeitkritische Filme. Sie übernahm auch einen Lehrauftrag am Institut für Publizistik der Freien Universität Berlin. Für den Südwestfunk entstand das Drehbuch zum Fernsehspiel BAMBULE, in dem sie die Missstände in der Fürsorgeerziehung offenlegte.

In Berlin kam Ulrike Meinhof unmittelbarer als in Hamburg mit der Studentenbewegung zusammen und schloss sich der APO (Außerparlamentarischen Opposition) an. Sie erlebte am 2. Juni 1967 die Demonstration gegen den Schah von Persien, auf der Benno Ohnesorg erschossen wurde, und am 11. April 1968 den Anschlag auf den Studentenführer Rudi Dutschke. Diese Ereignisse radikalisierten sie in ihrer politischen Meinung. Auch sie rief jetzt zur Gewalt auf.

Als sie über einen Prozess gegen vier Kaufhaus-Brandstifter berichete, lernte sie die Angeklagten Andreas Baader und Gudrun Ensslin kennen. Frustriert von der Unbeweglichkeit der politischen Verhältnisse und der Einflusslosigkeit ihrer publizistischen Arbeit, war sie von der Militanz dieser beiden politischen Aktivisten derart beeindruckt, dass sie mit ihren persönlichen und beruflichen Verhältnissen brach. Durch die Mithilfe bei der gewaltsamen Befreiung Andreas Baaders im Lesesaal des FU-Instituts für Soziale Fragen am 14. Mai 1970 ging sie in die Illegalität und gründete mit Baader und Ensslin die Stadtguerilla. Die terroristische Ausbildung erhielt die „Baader-Meinhof-Bande" von den Palästinensern in Jordanien.

Im Anschluss daran wurden in der Bundesrepublik Autodiebstähle, Banküberfälle, Plünderungen von Waffendepots sowie Bomben- und Sprengstoffanschläge verübt. Die Mitglieder der Terrorgruppe konnten sich dabei auf einen relativ großen Sympathisantenkreis aus der Bevölkerung stützen. Ulrike Meinhof formulierte in mehreren Veröffentlichungen die politischen Ziele der Terroristen. Sie war der theoretische Kopf der Gruppe und glaubte daran, dass es darauf ankomme, als Teil einer globalen Revolutionsarmee einen Guerillakrieg gegen Kapitalismus und Imperialismus zu führen.

Nachdem die Terroristen, die sich jetzt als Rote Armee Fraktion (RAF) bezeichneten, ihre logistische Struktur verbessert und sich auch international vernetzt hatten, kam es 1972 zu einer Serie von Gewalttaten. Der Polizei gelang am 1. Juni die Verhaftung von Andreas Baader, Holger Meins und Jan-Carl Raspe in Frankfurt. Eine Woche später wurde Gudrun Ensslin in einer Boutique in Hamburg gefasst. Am 15. Juni schließlich wurde auch Ulrike Meinhof in Hannover festgenommen.

Die Terroristen waren zunächst in verschiedenen Strafanstalten einzelner Bundesländer untergebracht. 1973 kam es zu einem ersten Hungerstreik gegen die Haftbedingungen. Der Prozess gegen Ulrike Meinhof wegen Mithilfe an der Befreiung Baaders endete mit einer Verurteilung zu acht Jahren Haft. Im September 1974 trat Ulrike Meinhof wegen ihrer Isolation im „toten Trakt" der Haftanstalt Köln-Ossendorf erneut in den Hungerstreik. Die übrigen RAF-Mitglieder schlossen sich ihr an. Die Aktion zog sich bis in den Februar 1975 hin, in deren Verlauf der Terrorist Holger Meins an Entkräftung starb.

Anfang Dezember 1974 wurden Baader, Ensslin, Raspe und Ulrike Meinhof in den Hochsicherheitstrakt der Haftanstalt Stuttgart-Stammheim verlegt. Für Ulrike Meinhof waren damit 273 Tage Isolationshaft beendet. Sie hatte in Stammheim wieder Kontakt mit ihren Gesinnungsgenossen, musste aber jetzt erleben, dass sie von Ensslin und Baader kritisiert und abgelehnt wurde.

Der Hauptprozess gegen die RAF-Kerngruppe begann am 21. Mai 1975 vor dem Oberlandesgericht Stuttgart. Die Anklage lautete auf Mord in fünf Fällen und Mordversuch in 54 Fällen. Hinzu kamen Sprengstoffanschläge und Banküberfälle. Die Angeklagten versuchten mit allen Mitteln, den Prozess zu behindern und bekamen dabei die Unterstützung ihrer Anwälte. Einige Anwälte wurden sogar wegen Konspiration mit ihren Mandanten vom Gericht ausgeschlossen. Am 4. Mai 1976 verlas Ensslin eine Erklärung, die mit den anderen Angeklagten abgestimmt worden war, in der sie u.a. die Verantwortung für die Sprengstoffanschläge in Frankfurt und Heidelberg übernahm.

Den Ausgang des Prozesses erlebte Ulrike Meinhof nicht mehr. Sie nahm sich in der Nacht zum 9. Mai 1976 das Leben. Von einem Justizvollzugsbeamten wurde sie am Morgen erhängt am Fenstergitter aufgefunden.

Das Horoskop von Ulrike Meinhof

Das kurze Leben der Ulrike Meinhof, die nur 41 Jahre alt wurde, lässt sich nicht ohne Erschütterung betrachten: Wie war es möglich, dass aus einem jungen Mädchen, das für seine moralische Einstellung und seine Aufrichtigkeit allseits geschätzt wurde, die gefürchtete Terroristin werden konnte, der Staatsfeind Nr.1? Im Horoskop müssen Konstellationen zu finden sein, die eine solche radikale Veränderung verständlich machen.

Als Schülerin schrieb die Horoskopeignerin in ein Poesiealbum die bezeichnenden Sätze: „Wenn du recht schwer betrübt bist, dass du meinst, kein Mensch auf der Welt könne dich trösten, so tue jemand etwas Gutes, und gleich wird's besser." Diese Worte bezeugen eine depressive Veranlagung, die sich aber immer auch produktiv in Hilfsbereitschaft und soziales Engagement wandeln konnte, was wohl schon die junge Horoskopeignerin erfahren hatte.

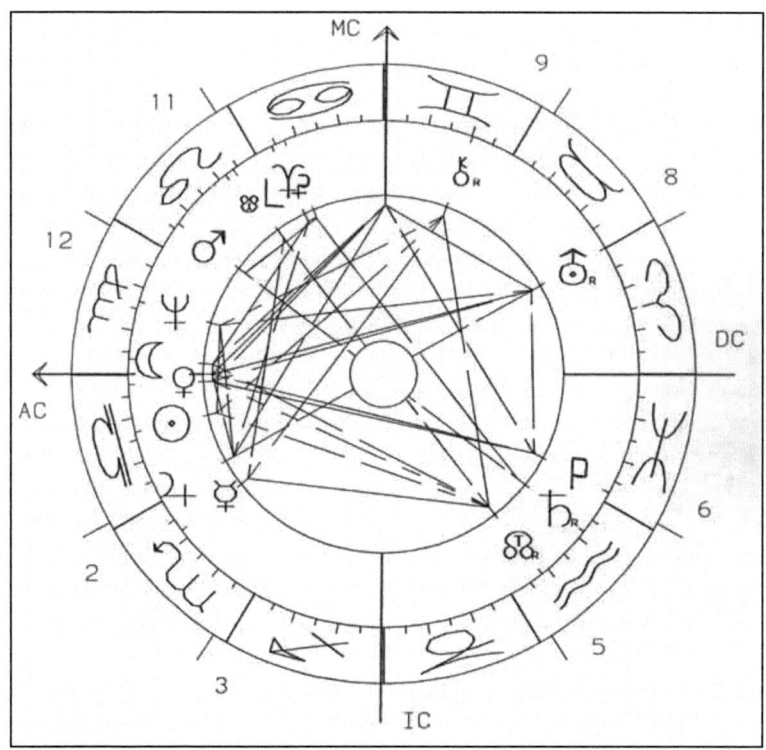

Abbildung 14: Ulrike Meinhof, 7. Oktober 1934 um 5.26 Uhr in Oldenburg

Ulrike Meinhof war zutiefst von einem maßlosen Mitgefühl bewegt. Dafür stehen in ihrem Horoskop die Spannungsfiguren Neptun in Jungfrau und Haus 12 mit Quadrat zu Chiron in den Zwillingen (Retter-Rolle) und Neptun mit Anderthalbquadrat zu Uranus sowie mit Halbquadrat zu Jupiter (Differenzierung). Eine ähnliche Bedeutung hat die Konstellation von Priapus in den Fischen Spitze Haus 6, wiederum mit Aspekten zu Jupiter und Uranus.

Die andere Spannungsfigur zwischen Lilith am absteigenden Mondknoten im Löwen und Haus 11 mit Quadrat zu Merkur offenbart ihre Begabung und ihren leidenschaftlichen Drang zur Kommunikation (Lebensgrundeinstellung der Erfindung und

Selbstdarstellung). Dass ihre Kommunikation auch die Fähigkeit zum Schreiben einschloss, zeigt der Quinkunx zu Chiron (Jungfrau) in den Zwillingen. Schon als Schülerin hatte Ulrike eine Schülerzeitung gegründet, die übrigens heute noch besteht. Chiron bildet aber auch ein Quadrat zu Neptun (die gleiche Energie repräsentiert Priapus Spitze 6) und findet damit die Verbindung zu den Themen und Menschen, die Ulrike später als Chefredakteurin der linksradikalen Zeitschrift „Konkret" bzw. als Hörfunk- und Fernsehjournalistin am Herzen lagen: Es waren Menschen, die am Rande der Gesellschaft (Sonne in der Waage mit Halbsextil zu Neptun in Haus 12) lebten, die sie interessierten: Fürsorgezöglinge, Sonderschüler, Hilfs- und Fließbandarbeiterinnen, und es waren die gesellschaftlichen Verhältnisse, die unbewältigte Vergangenheit der Nazi-Zeit, die vom Bundeskanzler Konrad Adenauer geplante atomare Aufrüstung der Bundeswehr, die Meinungsmanipulation der Springer-Presse, die Ausbeutung der Dritten Welt und besonders der Vietnam-Krieg der USA, gegen die sie idealistisch aufbegehrte (Neptun Anderthalbquadrat Uranus).

Ulrike Meinhof hatte ein weiches Herz und einen scharfen Verstand, den sie kommunikativ zur Geltung (Löwe) bringen konnte. Wer z.B. ihre Kolumnen in „Konkret" gelesen hat, wird bestätigen, dass sie sicher eine sehr begabte Journalistin war, der man eine große Karriere voraussagen konnte. Intellektualität ist immer eine Verbindung der Jungfrau- mit der Wassermann-Energie (Lebensgrundeinstellung der Zielstrebigkeit). Bei Ulrike Meinhof sehen wir allerdings auf den ersten Blick nur Neptun mitten in der Jungfrau stehen und Priapus (Mond, Neptun, Pluto) an der Spitze von Haus 6. Diese Konstellationen sprechen für ihre idealistische Einstellung und für Hilfsbereitschaft.

Es finden sich aber im Horoskop auch andere Konstellationen, die auf einem Umweg die Verbindung der Jungfrau-Energie mit der Wassermann-Energie herstellen: Das Anderthalbquadrat zwischen Neptun und Uranus, das in der Progression später ganz exakt wird, zieht die uranische Energie auf die neptunische Seite, Priapus (Mond, Neptun, Pluto) befindet sich an der Grenze zwischen dem Fische- und dem Wassermann-Zeichen in Haus 6 und bildet ein Sextil zu Uranus, der Mondknoten (Sonne, Mond) steht im Wassermann-Zeichen und der Mond befindet sich in der Jungfrau. Zwischen Merkur und Lilith (Mond, Uranus, Pluto) gibt es eine Quadratur, die nach dem Astrologischen Alphabet auch das Zwillinge-Zeichen uranisch färbt. Die neptunische und die uranische Energie werden auf diese Weise eng mit der Jungfrau-Energie verbunden, was für die Vernunft der Horoskopeignerin bedeutet, dass sie durchaus einen ungewöhnlichen und vielleicht sogar genialen Blick für die Probleme ihrer Zeit besaß. Die Kehrseite dieser Begabung besteht darin, dass sie mit genau derselben Energie-Verbindung auch „verrückte" politische Überlegungen anstellen konnte und vor allem ziemlich unfähig für die kritische Beurteilung ihr nahestehender Menschen war.

Ulrike Meinhof hat sich in ihrer journalistischen Arbeit vehement für Gerechtigkeit in der Gesellschaft eingesetzt. Gerechtigkeit wird im Horoskop immer durch eine Verbindung der Waage-Energie (Ausgleich) mit der Jungfrau- und Fische-Energie (idealistische Überlegungen) symbolisiert. Es geht darum, dass jedem das Seine (suum cuique) gegeben wird, wie schon die Römer wussten. Bei der Horoskopeignerin befindet sich die Sonne mitten im Waage-Zeichen im genauen Halbsextil zu Neptun in der Jungfrau. Stellungen mitten im Zeichen entsprechen praktisch einer Konjunktion mit dem Zeichenherrscher. Damit werden genau die drei Planeten-Energien (Neptun, Chiron, Venus) über die Sonne miteinander verbunden, die notwendig zusammenkommen müssen, um der Horoskopeignerin ein Bedürfnis nach Gerechtigkeit zu vermitteln, und sie werden zugleich mit einer großen Energie aufgeladen, denn ein Halbsextil wirkt aufgrund der in ihm enthaltenen Yang-Yin-Spannung immer sehr stark.

Da auch der AC an der Grenze zwischen Waage und Jungfrau steht und eine Konjunktion mit der Venus und dem Mond bildet, sehen wir hier im Horoskop eine weitere Unterstützung für die Suche nach Gerechtigkeit (Jupiter Halbquadrat Neptun) durch eine Veranlagung zum fürsorglichen Kampf (Mond am AC). Schließlich gibt es noch die Jod-Figur zwischen AC, Uranus und Priapus (Mond, Neptun, Pluto), die immer, da es sich um die Verbindung von zwei Quinkunxen handelt, eine grundlegende Orientierung ausdrückt. So scheint es offenbar zu sein, dass Ulrike Meinhof ein ganz besonderes und ungewöhnliches Verhältnis (Uranus, Priapus) zur Gerechtigkeit besessen hat, das aber wiederum gerade durch das direkte Aufeinandertreffen der Energien von Uranus mit Priapus entgleisen konnte.

Die Möglichkeit einer solchen Entgleisung finden wir im Horoskop in der Oppositionsstellung zwischen Mars im Löwen und Saturn im Wassermann, die durch das Halbsextil zu Pluto/Ceres radikalisiert wird. Diese Konstellation symbolisiert eindeutig einen Hang zur Rebellion und Gewalt. Da sie aber vom übrigen Horoskop isoliert steht, handelt es sich wohl um eine Schatten-Energie, die von der Horoskopeignerin aufgrund ihrer Sensibilität und ihrer Erziehung zur Friedfertigkeit (Sonne in der Waage mit Halbsextil zu Neptun) zunächst nur verbal gelebt worden ist. Sie erklärt aber vielleicht die Faszination, die rebellisches, machohaftes Handeln auf sie ausüben konnte, wenn es im Gewand der Gesellschaftskritik auftrat, zumal sie mit der Konstellation Mars in Haus 12 (Opfer-Rolle) sehr beeinflussbar war.

Wahrscheinlich war diese Mars-Saturn-Verbindung als typische Such-Energie im weiblichen Horoskop für einen männlichen Partner der Grund für ihre Verbindung mit Klaus Rainer Röhl, dem Herausgeber und Chefredakteur von „Konkret". Er verstand es, aus dem gesellschaftlichem Protest (Saturn im Wassermann) ein Geschäft (Ceres Konjuktion Pluto) zu machen, was der Horoskopeignerin in ihrem puristischen Idealismus aber zu weit ging und schließlich sogar zur Trennung führte, als er in seiner machohaften Natur (Mars im Löwen) daran ging, auch „sex and crime" in seine Zeitschrift aufzunehmen.

Es war ein tragisches Verhängnis, dass sie sich nach der Scheidung von Röhl und dem Umzug nach Berlin noch einmal von einem ähnlich veranlagten Mann in den Bann ziehen ließ, nämlich von Andreas Baader. Baader hatte ebenfalls rebellische Macho-Allüren, allerdings mit weitaus größerer Destruktivität als ihr Ex-Mann. Ulrike Meinhof lernte Baader und dessen Freundin Ensslin kennen, als sie über den Kaufhausbrand in Frankfurt recherchierte. Wahrscheinlich waren es ihre latenten Selbstzweifel, die bei ihr angesichts der politischen Erfolglosigkeit ihrer journalistischen Arbeit immer wieder hochkamen (Neptun in der Jungfrau und Haus 12 mit Anderthalbquadrat zu Uranus), vielleicht lag es auch an ihrer ungeduldigen Veranlagung (Jupiter Opposition Uranus mit Halbsextil zum AC) und nicht zuletzt an einer in ihr angelegten naiven Gutgläubigkeit (Jupiter Halbquadrat Neptun), die sie schließlich für den chaotischen Aktionismus der beiden Brandstifter zugänglich machten, die eigentlich vom ganzen Wesen her nicht zu ihr passten.

Als sich Ulrike Meinhof am 14. Mai 1970 mit der Beteiligung an der Befreiung von Andreas Baader dem Terrorismus zuwandte, befand sich der aktuelle Jupiter bezeichnenderweise auf seiner Geburtsstellung. Der Einsatz für Gerechtigkeit (Jupiter) suchte bei ihr nach einer neuen Möglichkeit. Dass sie eine solche Chance jetzt nur noch in der terroristischen Aktion sah, lag neben den oben angeführten Gründen natürlich auch an den gesellschaftlichen Ereignissen, die sie zuvor 1967 (Erschießung Benno Ohnesorgs) und 1968 (Attentat auf Rudi Dutschke) in Berlin miterlebt hatte.

Die Entscheidung für den revolutionären Kampf in der „Baader-Meinhof-Gruppe" und späteren RAF war zugleich eine Entscheidung gegen eine bürgerliche Sicherheit und auch gegen ihre Kinder, die Frau Meinhof aufgeben musste, was durch die Stellung von Ceres Konjunktion Pluto im Zeichen Krebs in der genannten gewalttätigen Aspektfigur mit Mars Opposition Saturn im Wassermann symbolisch angezeigt wird. Es ist so, als wäre bei der Horoskopeignerin im Inneren ein Schalter umgelegt worden: Aus der sensiblen und kritischen, aber inzwischen frustrierten Journalistin wurde eine rebellische Aktionistin, die bereit war, über Leichen zu gehen. Bestimmend war nicht mehr die Energie zwischen Merkur, Lilith und der Mondknotenachse (Journalistik), sondern die zwischen Mars, Pluto und Saturn im Wassermann (revolutionärer Kampf). Damit bekam ebenfalls die Spannungsfigur zwischen Jupiter, Neptun und Uranus, vielleicht die wichtigste in ihrem Horoskop, die auch eine Verbindung zum AC besitzt, eine andere Bedeutung: Aus Moral wurde Terror.

Die Progressionsstellungen zur Zeit der Baader-Befreiung zeigen ein ganz ungewöhnliches Zusammentreffen der Energien von Uranus und Neptun: Priapus (Mond, Neptun, Pluto) hatte inzwischen rückläufig die Grenze zwischen Wassermann und

Steinbock (Rebellion) erreicht und bildete nunmehr auch ein Quadrat zu Uranus. Beide Planeten hatten damit einen Anderthalbquadrat-Aspekt zu Neptun in der Jungfrau. Auf diesem Punkt stand inzwischen ganz genau der progressive Mars, der sich gleichzeitig im Halbsextil mit der progressiven Lilith befand. Die Mondknotenachse bildete mit der IC/MC-Achse eine exakte Konjunktion, wenn man die Geburtszeit auf etwa 5h20 rektifiziert, was auch aus anderen Gründen plausibel ist. Deutlicher kann eine Umorientierung (Uranus/Neptun) in einem Horoskop nicht angezeigt werden!

Es gehört wohl zur Tragik der Ulrike Meinhof, dass sie ein Verhalten, für das sie sich einmal entschieden hat, mit einer großen Konsequenz (MC) beibehalten konnte. Dafür steht in ihrem Horoskop die Drachenfigur zwischen Jupiter, Priapus, MC und Uranus. Diese harmonische Konstellation ist keinesfalls immer ein Segen für die Betroffene, und für Ulrike Meinhof wurde sie zum Fluch. Sie hielt an dem terroristischen Weg bis zum bitteren Ende fest, in der Illusion (Jupiter Halbquadrat Neptun), damit ein Teil der großen Weltbefreiungsarmee zu sein. Als sie im Hochsicherheitstrakt von Stuttgart-Stammheim schließlich begriff, wie fremd sie mit ihrem kritischen Idealismus den revolutionären Aktivisten Baader und Ensslin gegenüberstand, sah sie für sich nur noch den Ausweg in den Selbstmord. Am Todestag stand die progressive AC/DC-Achse genau auf der Jupiter/Uranus-Opposition ihres Geburtshoroskops: In radikaler Hoffnungslosigkeit (Jupiter Halbquadrat Neptun mit Spannungsaspekt zu Uranus Hausspitze 8) wandte sie die Aggressivität am Ende gegen sich selbst.

Es ist schwer, einem Menschen, der derart im Spannungsfeld zwischen Neptun und Uranus gelebt hat, der zwischen Weichheit und Härte bzw. zwischen Mitgefühl und Aggressivität zerrissen wurde, gerecht zu werden. Objektiv falsch, auch für die ganze 68-er Protestbewegung, war bei ihr sicher die Verabsolutierung der sozialen Gerechtigkeit, Hand in Hand mit einer gewissen Selbstherrlichkeit (Lilith im Löwen in Haus 11), die die Horoskopeignerin in den Fanatismus (Uranus Hausspitze 8 und Pluto Spitze 11) geführt hat. Für ein menschliches Leben gibt es nicht nur das Bedürfnis nach Gerechtigkeit, sondern auch noch ganz andere Lebenserwartungen. Nicht zuletzt deswegen wurde die Bevölkerung von den Terror-Aktionen eher abgeschreckt als mitgerissen. Aber subjektiv gesehen hat der tragische Weg der Ulrike Meinhof in der damaligen Situation der Bundesrepublik unter Berücksichtigung ihrer persönlichen Veranlagung, wie sie das Horoskop zeigt, eine gewisse Plausibilität. Auf ihrer Beerdigung fand der evangelische Professor Helmut Gollwitzer, der auch ihr Seelsorger gewesen war, die treffenden Worte:

„Sie war ein Mensch mit einem schweren Leben, der sich das Leben dadurch schwer gemacht hat, dass er das Elend anderer Menschen sich so nahegehen ließ."

Elvis Presley

Elvis Presley wurde am 8. Januar 1935 in East Tupelo (Mississippi) geboren. Sein vor ihm geborener Zwillingsbruder war bereits bei der Entbindung tot. Die Eltern lebten in einem selbst gebauten kleinen Holzhaus mit zwei Zimmern und arbeiteten in verschiedenen Gelegenheitsjobs. Die Familie lebte an der Armutsgrenze.

1938 wurde der Vater wegen Scheckbetrugs zu einer Freiheitsstrafe von drei Jahren verurteilt, kam aber nach etwa einem Jahr auf Bewährung frei. Um sich wirtschaftlich zu verbessern, zog die Familie 1948 nach Memphis (Tennessee), wo allerdings die Wohnverhältnisse für sie noch ärmlicher waren.

Elvis arbeitete nach seinem High-School-Abschluss zunächst als Elektriker und danach als Lastwagenfahrer. Er träumte jedoch von einer Zukunft als Sänger. 1953 nahm er in den Studios der Sun-Record Company von Memphis zwei Titel auf („My Happiness" und „That's When Your Heartaches Begin"), um seine Stimme zu testen. Der Präsident der Schallplattenfirma wurde dabei auf seine spezielle Klangfärbung aufmerksam und gab ihm einen Plattenvertrag. Mit den Titeln „That's alright Mamma" und „Blue Moon of Kentucky", die im Radio Memphis gesendet wurden, kam 1954 der Durchbruch zum Erfolg.

Der größte amerikanische Schallplattenkonzern RCA kaufte Elvis im Herbst 1955 für 35.000 Dollar von der Sun-Record Company in Memphis frei und veröffentlichte 1956 sein Album „Hound Dog", das bereits sieben Millionen Käufer fand. Sein Manager Parker verschaffte ihm auch die ersten Fernsehauftritte. 1956 entstand sein erster Spielfilm mit dem Titel „Love Me Tender", dem weitere 33 folgten. Elvis entwickelte einen eigenen musikalischen Stil und begeisterte mit seiner unnachahmlichen Rhythm-and-Blues-Stimme die junge Generation. Musikalisch war er geprägt vom Gospel, den er aus seiner Kindheit in einer Methodistengemeinde kannte. In Memphis hatte er später den Blues kennengelernt, der im Mississippi-Delta beheimatet war. Hinzu kamen Country-Elemente, die er in seine Musik aufnahm.

Die emotionale Art seines Auftretens, seine fast obszönen Posen, besonders sein legendärer Hüftschwung („Elvis the pelvis - Elvis das Becken"), führten allerdings im konservativen Klima der USA der 50er Jahre zu Protesten von Elternverbänden und Kirchen, die einen sittlichen Verfall der Jugend befürchteten. Elvis wurde trotzdem zur unbestrittenen Identifikationsfigur des gerade entstandenen Rock 'n' Roll, der die jugendlichen Fans in geradezu hysterische Begeisterung versetzte. Als er in der bekanntesten Musiksendung des US-Fernsehens, der Ed-Sullivan-Show, auftrat, erreichte diese eine landesweite Rekord-Einschaltquote von 80%.

Am 14. August 1958 verstarb unerwartet seine Mutter, an der Elvis sehr hing. Von Oktober 1958 bis März 1960 leistete Elvis Presley seinen restlichen Wehrdienst in Deutschland ab. Er war in Friedberg (Hessen) stationiert. 1959 lernte er in Bad Nauheim Priscilla Beaulieu kennen, die damals erst 14 Jahre alt war. Die beiden heirateten 1967. Aus ihrer Ehe ging die Tochter Lisa Marie Presley hervor. Nach dem Wehrdienst gelang ihm 1960 das Comeback in der Frank-Sinatra-Show „Welcome Home, Elvis", wo er eine Gage von 125.000 Dollar erhielt. Elvis entwickelte sich in den 60er Jahren vom musikalischen Rebellen zum allseits akzeptierten „All American Boy".

1969 entstanden in Memphis die beiden Hit-Alben „From Elvis in Memphis" und „Back in Memphis", die ihn nach acht Jahren zurück an die Spitze der Charts brachten. Im selben Jahr trat der

„King of Rock 'n' Roll erstmals wieder im International Hotel in Las Vegas auf. Den Höhepunkt seiner Beliebtheit erreichte Elvis mit der „Aloha from Hawai"- Fernsehshow, die im Januar 1973 aus Honolulu über Satellit in über 40 Länder live ausgestrahlt und von über einer Milliarde Menschen gesehen wurde.

In seinen letzten Lebensjahren absolvierte Elvis einen Konzertmarathon durch die USA von mehr als 150 Shows pro Jahr. Er kämpfte in dieser Zeit mit erheblichen wirtschaftlichen und persönlichen Problemen. Seit der Trennung von seiner Frau Priscilla 1972 wurden in der Presse immer wieder Gerüchte über Depressionen, Drogenmissbrauch, Medikamentensucht und Fettleibigkeit des Stars verbreitet.

Auch finanziell sah die Situation aufgrund seiner verschwenderischen Großzügigkeit nicht rosig aus. Auf dem Tiefpunkt seiner Karriere hatte er mit seinem Manager einen Vertrag unterschrieben, der diesem die Hälfte aller Einnahmen zubilligte. Seine musikalischen Rechte hatte er weit unter Wert für 5,5 Millionen US-Dollar an RCA verkauft. Trotz der nach wie vor glänzend laufenden Plattenverkäufe besaß er am Lebensende nur sein Haus Graceland und 1,2 Millionen Dollar auf seinem Girokonto. Elvis Presley starb am 16. August 1977 im Alter von nur 42 Jahren in Memphis (Tennessee) an den Folgen einer Herzattacke.

Das Horoskop von Elvis Presley

Die emotionale Grundlage des Lebens bildet die plutonische E-nergie. Im Horoskop von Elvis Presley steht Pluto in Konjunktion mit Ceres (Stier) in Haus 8 und bildet ein Halbsextil zu Lilith im Löwen und Haus 9, ein Sextil zum MC, eine Opposition zur Venus am aufsteigenden Mondknoten, ein Quadrat zu Uranus im Widder und Haus 5 sowie einen Quinkunx-Aspekt zu Saturn im Wassermann und Haus 3. Hinzu kommt die Stellung von Jupiter mitten im Skorpion und Haus 12. Damit hat die plutonische Energie einen dominanten Einfluss in seinem Horoskop und kann so interpretiert werden, dass der Horoskopeigner ein extremes Leben führen wird, was ihn in große Höhen aber auch entsprechende Tiefen befördern kann.

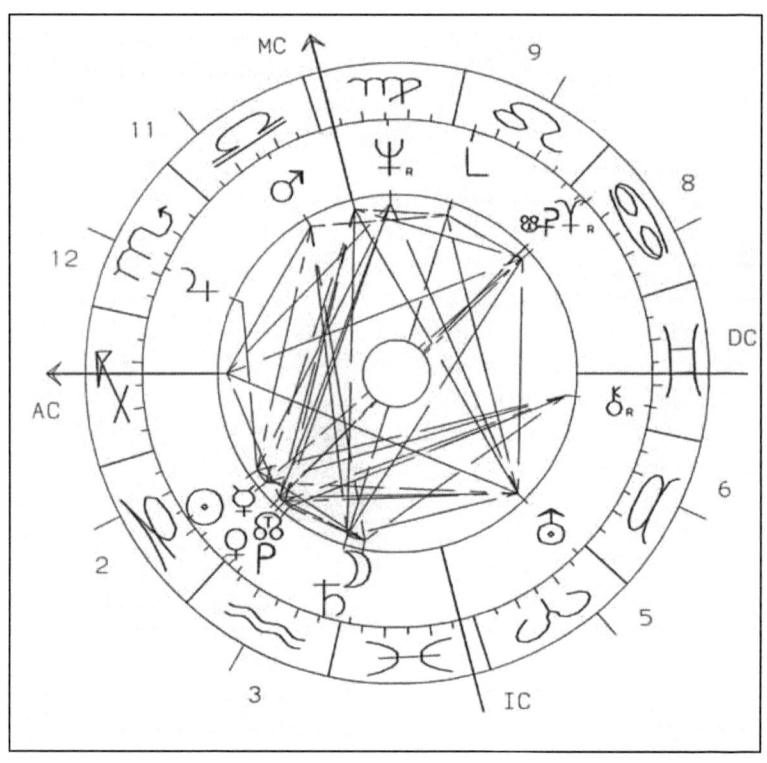

Abbildung 15: Elvis Presley, 8. Januar 1935 um 4.35 Uhr in Tupelo, USMS

Das auffallende T-Quadrat zwischen Pluto/Ceres, Venus/Mondknoten und Uranus symbolisiert den intensiven (Pluto) und großen (Ceres) Drang (Uranus Quadrat aufsteigender Mondknoten) nach Beliebtheit (Venus). Der Horoskopeigner besitzt durch diese Energien eine enorme Zielstrebigkeit. Das Quadrat zwischen Venus und Uranus macht darüber hinaus deutlich, wie erregend (Uranus) die Beliebtheit auf ihn gewirkt haben muss. Hinzu kommt die Stellung von Lilith im Löwen und Haus 9 mit Trigon zu Uranus in Haus 5. So finden wir bei Elvis Presley die typischen Energie-Verbindungen für einen Star (Lebensgrundeinstellung der Selbstdarstellung).

144

Die Stellung der Venus zwischen Steinbock und Wassermann bezeichnet darüber hinaus auch einen ausgeprägten Ehrgeiz. Die sich mischenden Energien von Steinbock und Wassermann legen eine solche Deutung nahe (Lebensgrundeinstellung der Zielstrebigkeit). Dasselbe gilt für den aufsteigenden Mondknoten (Sonne, Mond) neben der Venus: Auch der Wille und die gefühlsmäßige Reaktion sind auf Ehrgeiz und Leistung gestimmt. Der Uranus im Widder Grenze Stier kämpft um Sicherheiten, wobei der Mars (als Herrscher des Widder-Zeichens) wiederum mitten in der Waage (Beliebtheit) steht und Ceres (als Herrscher des Stier-Zeichens) neben Pluto in dem oben beschriebenen T-Quadrat eingebunden ist. Der Horoskopeigner wird seine Sicherheit also nicht nur im Geld und Besitz, sondern vor allem in der Bewunderung seiner Fan-Gemeinde gesucht haben.

Noch deutlicher symbolisiert der Saturn im Wassermann mit Sextil zu Uranus und vor allem mit der Opposition zur Lilith (Mond, Uranus, Pluto) ein ehrgeiziges und leistungsorientiertes Verhalten, das das Leben des Sängers bestimmt hat. Und da Saturn ein Anderthalbquadrat zum Mars in Waage bildet, wird damit wiederum die Beliebtheit als wichtiges Ziel symbolisch angezeigt. Eine weitere Konstellation, die auf Ehrgeiz und Erfolg im Leben des Horoskopeigners hinweist, ist das Halbsextil von Lilith zum MC, das aufgrund der Yang-Yin-Spannung sehr stark wirkt.

Ehrgeiz, Leistungs- und Karrierestreben sind typische Entsprechungen einer Energieverbindung von Steinbock und Wassermann, wenn diese in der Eltern-Position gelebt wird, also mit Verantwortung für ein selbst gestecktes Ziel. In der Tat hat Elvis Presley in den USA und in Europa geradezu sensationelle Erfolge gefeiert. Geht der Horoskopeigner dagegen in die Kind-Position, kann sich diese Energie-Verbindung auch so auswirken, dass Verpflichtungen (Steinbock) eigenwillig (Wassermann) abgewehrt werden (Differenzierung in der Chaoten-Rolle). Elvis wird dann als Star gleichzeitig die Rolle des Rebellen einnehmen, was sich bei ihm z.B. in seiner Rock-Musik, in entsprechend ausgefallener Kleidung oder auch in obszönen Gesten bei Bühnenauftritten gezeigt hat. Elvis Presley hat beide Positionen, die Rebellion und das Erfolgsstreben, in seiner Musik und seiner Karriere miteinander verbunden.

Die Musikalität des Horoskopeigners wird in der Betonung der Fische-Energie sichtbar. Priapus (Mond, Neptun und Pluto) steht neben dem aufsteigenden Mondknoten im Halbsextil zum Mond in den Fischen, Neptun in der Jungfrau bildet zwei Anderthalbquadrate zu Uranus und Venus, und Jupiter steht an der Spitze von Haus 12. Die starke Einbindung der Mond-Energie verweist dabei auf die Möglichkeit, die Musikalität in Form des Gesanges auszuüben. Das gleiche gilt für die Stellung von Pluto im Krebs und der Häuserachse 8, die ebenfalls den Krebs anschneidet. Das Krebs-Prinzip symbolisiert mit seiner Fürsorglichkeit die Mutter im Horoskop, und es hat eine gewisse Plausibilität, dass eine Mutter, wenn sie musikalisch veranlagt ist, in ihrer Erziehung das gesungene Lied einsetzt. Deshalb findet man in den Horoskopen berühmter Sänger und Sängerinnen, egal ob im Opernfach oder in der Pop-Szene, neben einer Fische-Betonung immer auch eine starke Stellung des Krebs-Prinzips.

Der Mond steht in Haus 3 im Halbquadrat zur Sonne, die sich neben Merkur im Steinbock befindet. Es geht also um eine stolze (Sonne mit Mond) Kommunikation (Merkur) als Sänger (Mond), auf die der feste Wille (Sonne im Steinbock) von Elvis Presley gerichtet ist, was in seinen Auftritten als „King of Rock 'n' Roll" auch sichtbar wurde. Die Konjunktion des Mondes mit Saturn, der eine Opposition zur Lilith bildet, verweist dabei auf eine rebellische Grundhaltung und die Mondstellung zwischen Wassermann und Fische auf eine Neuorientierung im Gesang.

Die direkte Verbindung von Neptun und Uranus (Anderthalbquadrat) zeigt immer eine ungewöhnliche Begabung an. Da beide Planeten einen Spannungsaspekt zur Konjunktion von Venus/Mondknoten bilden, besteht auch hier die Tendenz zu einer Neuorientierung im musikalischen (Neptun) Geschmack (Venus), wobei das Anderthalbquadrat von Neptun zur Venus erklärt, dass der Horoskopeigner einen Hang zu romantischen, aber auch zu religiösen Songs hatte. Seine Verankerung im religiösen Gospelgesang symbolisieren auch die Stellung von Jupiter an der Spitze von Haus 12 und das Quadrat zwischen Neptun und dem Schütze-AC.

Die Spannungsfigur von Neptun, Uranus und Schütze-AC erklärt außerdem, dass Elvis Presley sich mit seinem musikalischen Engagement (Jupiter mitten im Skorpion Spitze 12) ganz nach oben (Schütze) bringen wollte. So wird verständlich, dass er mit seinem Rock 'n' Roll ein Weltstar wurde und die entsprechende Szene jahrelang als „King" beherrscht hat.

Der Schütze-AC und das Sextil des Jupiters zur Sonne symbolisieren ebenfalls das Bestreben des Horoskopeigners, weltweit als Entertainer präsent zu sein. Die Lilith im Löwen in Haus 9 (Chaoten-Rolle) weist ebenfalls in diese Richtung. Andererseits steht gerade diese Lilith auch für eine sexualisierte Art des Bühnenauftritts (Löwe), die sich bei ihm in dem berühmten Hüftschwung ausdrückte: „Elvis the pelvis - Elvis das Becken".

Chiron (Jungfrau-Energie) in den Zwillingen bildet ein Trigon zu Priapus neben dem aufsteigenden Mondknoten und ein Quadrat zum Mond. Hier drückt sich vielleicht die ganz eigene Gesangs-Technik (Chiron) aus, die der Horoskopeigner bei seinen Bühnenauftritten gezeigt hat. Diese Konstellation ermöglicht dem Künstler aber auch die Fähigkeit zur Hilfsbereitschaft vor allem im familiären Bereich (Mondknoten), die in Verbindung mit der Schütze-Energie recht großzügig ausfallen konnte. Seiner Mutter kaufte er z.B. 1956 nach seinen ersten großen Erfolgen einen rosaroten Cadillac.

Die menschliche Katastrophe des des Horoskopeigners, die sich bereits früh anbahnte, lässt sich wohl nur verstehen, wenn man unterstellt, dass ihm auf verschiedene Weise der Halt im Leben (Ceres/Pluto am absteigenden Mondknoten in Haus 8) genommen wurde. Seine Mutter, an der er sehr hing (Mond Halbsextil aufsteigender Mondknoten), verstarb 1958 unerwartet, als er seinen Wehrdienst ableisten musste. In der Musikszene erwuchs ihm bald mit den Beatles eine mächtige und erfolgreiche Konkurrenz und schließlich verließ ihn 1972 auch noch seine Frau, der er mit Ceres (Stier) Konjunktion Pluto in Opposition zur Venus treu ergeben war. Mit der Stellung Ceres/Pluto in

Opposition zur Venus ist Elvis ein Mensch, der sich schlecht auf Veränderungen in Beziehungen einstellen kann.

Die Gründe, die zum Scheitern seiner Ehe führten, sind mir nicht bekannt. Die Energie-Verbindung von Mars mit Spannungs-Aspekten zu Saturn und Lilith in Haus 9 wie auch das Anderthalbquadrat von Uranus zum Schütze-AC verweisen auf die Möglichkeit, dass der Horoskopeigner unter Umständen gewalttätig werden konnte, und vielleicht hat diese Veranlagung zum Jähzorn seine Ehe im Laufe der Zeit zerstört.

Elvis Presley besitzt mit der Position der Lilith in Haus 9 ein ausgesprochen euphorisches Temperament, andererseits mit dem aufsteigenden Mondknoten neben Priapus und dem Halbsextil zum Mond neben Saturn einen Hang zu Depressionen. Wahrscheinlich brauchte dieser manisch-depressive Charakter als Rückzugsort ein gemütliches und sicheres Zuhause (Ceres Konjunktion Pluto im Krebs an der Mondknotenachse), das ihm mit dem Weggang seiner Frau genommen worden war. Um Depressionen zu entfliehen, war es in der Rock-Szene nicht unüblich, dass zu Drogen gegriffen wurde, und die Energie-Verbindung von Mars, Saturn und Lilith im Horoskop lassen auch an die Möglichkeit von selbstzerstörerischen Handlungen denken.

Sein verzweifelter Versuch, über die Trennung hinwegzukommen und sich zugleich weiterhin ehrgeizig als „King" in der Szene zu behaupten, führte jedenfalls zu erheblichem Drogen- und Medikamentenkonsum und gewissermaßen zu einem Austausch der Venus-Energie mit der Ceres-Energie: Anstelle von Beliebtheit tröstete sich Elvis mit einem riesigen Konsum (Ceres) von Süßigkeiten (Schütze) und verstarb am Ende mit einem Übergewicht von 150 kg.

Der King of Rock'n Roll hat von den Verhaltensmustern der Transaktionsanalyse in der Öffentlichkeit die Zielstrebigkeit und die Selbstdarstellung gelebt. Das sind uranische Lebensgrundeinstellungen. Hilfsbereitschaft zeigte er vermutlich im Kreise seiner Familie. Eine weiche und sensible Haltung (Lebensgrundeinstellung der Anpassung und Hingabe) kam nur in seiner Musikrichtung zum Ausdruck, die Gospel, Blues- und Country-Elemente miteinander verband. Ansonsten versuchte er wohl, der Weichheit und Verletzlichkeit (Priapus an der Mondknotenachse, Jupiter Spitze Haus 12) in der Öffentlichkeit aus dem Weg zu gehen. Als Junge hatte er sich immer gewünscht, ein richtig wilder Lastwagenfahrer zu werden (Uranus mit Anderthalbquadrat zum Schütze-AC, Mars mit Halbquadrat zu Lilith im Schützen).

Das Lebensproblem des Horoskopeigners bestand meiner Meinung nach darin, dass er mit der Konstellation von Jupiter Spitze Haus 12 eigentlich zur Sinnsuche berufen war, den Sinn des Lebens aber zu uranisch-äußerlich mit Erfolgsstreben und Beliebtheit verbunden hat und dadurch einer ernsten Lebenskrise nicht standhalten konnte. So hat ihn am Ende seines Lebens die unterdrückte und nur teilweise (vor allem in der Musik) zugelassene neptunische Energie in der Opferrolle eingeholt. Aber auf der Suche war er wohl doch:

> *„In einer Dokumentation von 1972 kann man sehen, wie er während eines Konzerts zurücktritt und die Bühne freimacht für eine Gospelgruppe und sagt: „Ich singe hier nicht mit. Bitte hört ihnen einfach zu. Es ist ein wunderbares Lied."*
>
> *„Es ist, als ob es als Buße gemeint ist, und wahrscheinlich ist es das auch", schreibt der beste Elvis-Kenner Peter Guralnick. „Dann geht die Musik wieder los, die Show beginnt von neuem und übergangslos wirft er sich in ‚Lawdy Miss Clawdy' hinein; und Elvis Presley ist jetzt wieder in der wie von einer Gaze umhüllten Welt eingekapselt, aus der er nie herauskommen wird."*
>
> *Als er am 16. August 1977 gegen neun Uhr früh aufhörte zu atmen, saß er auf dem Klo, weil die erste und die zweite Ration Schlaftabletten und eine Partie Tennis um fünf Uhr früh ihn nicht zum Einschlafen gebracht hatten. Dazu las er ein Buch über Jesus Christus und das Turiner Grabtuch."* (Der Spiegel 33/1997, S. 160f.)

Am Todestag stand der Transit-Neptun exakt am Radix-AC in genauem Quadrat zum Radix-Neptun und in Opposition zur Transit-Lilith am DC. Der aktuelle Priapus befand sich im Halbquadrat zum Radix-Jupiter und der Transit-Mond stand neben dem Radix-Neptun im Anderthalbquadrat zum Radix-Uranus und im Quadrat zur Transit-Lilith. Die Transit-Sonne bildete eine Konjunktion mit der Radix-Lilith im Löwen und der aktuelle

Pluto befand sich in Konjunktion mit dem Radix-Mars in der Waage und bildete ein Trigon zur Transit-Lilith. Diese Konstellationen erklären, dass Elvis zum ewigen Idol (Neptun am Schütze-AC, Priapus Halbquadrat Jupiter) der Beliebtheit (Pluto Konjunktion Mars in der Waage, Lilith am DC) in der Pop-Szene (Sonne und Lilith im Löwen) emporgehoben (Schütze-AC) werden konnte.

Alice Schwarzer

Alice Schwarzer wurde am 3. Dezember 1942 in Wuppertal als uneheliches Kind geboren. Sie wuchs bei ihren Großeltern auf, die selbständig ein kleines Tabakwarengeschäft betrieben. Ihren Großvater schilderte sie später als „sehr mütterlich", ihre Großmutter als „politisch charaktervoll".

Schwarzer besuchte zunächst die Volksschule und danach die Handelsschule. Nach der abgebrochenen kaufmännischen Lehre ging sie 1964 als Au-Pair-Mädchen nach Paris und begann ein Sprachenstudium.

Von 1966-1968 absolvierte sie ein Volontariat bei den „Düsseldorfer Nachrichten". Danach arbeitete sie kurze Zeit bei der satirischen Zeitschrift „Pardon" in Frankfurt.

Von 1970-1974 war Schwarzer erneut in Paris und studierte dort Psychologie und Soziologie an der Reform-Universität Vincennes. Diese Hochschule war auch für Studierende ohne Abitur zugänglich. Ihren Lebensunterhalt verdiente sie als freie Korrespondentin für deutsche Medien. Sie engagierte sich gleichzeitig in der Pariser Frauenbewegung und trug deren Ideen auch nach Deutschland.

1971 erregte sie Aufsehen mit einem „Stern"-Artikel, in dem 374 Frauen öffentlich bekannten „Ich habe abgetrieben". Der Kampf gegen den § 218 gehörte hinfort zu Schwarzers Hauptanliegen. Im selben Jahr erschien auch ihr erstes Buch FRAUEN GEGEN DEN § 218. 1974 löste sie mit einer „Panorama"-Sendung über Ärzte, die sich bereit erklärten, nach der Absaugmethode abzutreiben, einen Skandal in der ARD aus.

1974/1975 hielt sie an der Universität Münster eine Soziologie-Vorlesung zum Thema „Stellenwert der Sexualität in der Emanzipation der Frau". 1975 diskutierte sie im Fernsehen mit der Antifeministin Esther Vilar, die das Buch DER DRESSIERTE MANN geschrieben hatte. Schwarzer warf ihr vor, eine „Verräterin am eigenen Geschlecht" zu sein. Im selben Jahr erschien dann ihr Buch DER KLEINE UNTERSCHIED UND SEINE GROßEN FOLGEN, das in elf Sprachen übersetzt wurde und sie schlagartig bekannt machte. Schwarzer vertrat darin den sogenannten „Gleichheits-Feminismus", der das unterschiedliche Verhalten der Geschlechter allein auf Erziehung und soziokulturelle Einflüsse zurückführt. Biologische Unterschiede spielten für sie keine Rolle.

Aufgrund des Bucherfolgs hatte Schwarzer die wirtschaftliche Bais für die Gründung der Zeitschrift „Emma". Die erste Ausgabe erschien 1977 mit ihr als Herausgeberin und Chefredakteurin. Die Zeitschrift besteht bis zum heutigen Tag.

1978 klagte Schwarzer zusammen mit anderen prominenten Frauen vor dem Hamburger Landgericht gegen den „Stern" mit dem Vorwurf, er bilde auf seiner Titelseite „Frauen als Sexualobjekte" ab. Der Prozess wurde verloren. 1987 startete sie eine Anti-PorNo-Kampagne gegen die Entwürdigung und Erniedrigung von Frauen. Aufgrund der Veröffentlichung von Aktfotos eines Erotikfotografen in „Emma", die von ihr als „sexistisch und rassistisch" kritisiert worden waren, kam es zu einem Prozess, den Schwarzer im Kern gewann. „Emma" bekam das Recht auf Bildzitate zugesprochen.

Schwarzer verstand es, ihre Anliegen in den Medien unterzubringen. Sie war präsent in vielen Talkshows, bei „Wetten, dass...?" und beim Kölner Rosenmontagsumzug. 1992-1993 moderierte sie die Sendung „Zeil um Zehn" im Hessischen Rundfunk. 1998 erschienen zwei Biographien über sie auf dem Markt, die ein gegensätzliches Bild von ihr zeichneten. In der „kritischen Biographie" der taz-Redakteurin Bascha Mikat, das gegen den Willen von Schwarzer veröffentlicht wurde, kamen auch Frauen zu Wort, die ihr als „Emmama" und „Macho im Rock" ein autoritäres Regiment vorwarfen.

Nach den Terroranschlägen vom 11. September 2001 in den USA warnte sie in dem Buch DIE GOTTESKRIEGER UND DIE FALSCHE TOLERANZ vor der Unterdrückung der muslimischen Frauen und dem wachsenden Einfluss des Islam. 2002 erschien mit „Alice im Männerland" eine Sammlung von eigenen Artikeln, die einen Rückblick auf 30 Jahre Frauenbewegung gaben.

Schwarzer engagierte sich auch im Bundestags-Wahlkampf 2005 und kommentierte das Fernsehduell zwischen Angela Merkel und Gerhard Schröder. Nach Merkels Sieg schrieb sie in „Emma": „Wir sind Kanzlerin" und hoffte auf einen Durchbruch für die Rechte der Frauen.

Schwarzer ist nicht verheiratet und hat keine Kinder. Insgesamt schrieb sie 21 Bücher und war an 16 Büchern als Herausgeberin beteiligt. Ihr Thema blieb die Emanzipation in ihren verschiedenen Facetten: Kampf für das Recht auf Schwangerschaftsabbruch, für finanzielle Unabhängigkeit der Frauen, für ein Verbot von Pornographie und unter Umständen auch für das Recht von Gewalt gegenüber Männern. Als eine US-Amerikanerin ihrem schlafenden Ehemann, der sie angeblich vorher vergewaltigt hatte, den Penis abtrennte, schrieb sie 1994 im „Emma": „Sie hat ihren Mann entwaffnet. Eine hat es getan. Jetzt könnte es jede tun. Der Damm ist gebrochen. Gewalt ist für Frauen kein Tabu mehr."

Im Dezember 2007 gibt Schwarzer bekannt, dass ihr als Chefredakteurin bei „Emma" Lisa Ortgies nachfolgen solle. Sie selbst will aber Herausgeberin bleiben. Als Ortgies im Juni 2008 ihren Posten unerwartet aufgibt, übernimmt Schwarzer wieder beide Funktionen.

Das Horoskop von Alice Schwarzer

Die prägnante Konstellation von Saturn Konjunktion Uranus am IC (Verfolger-Rolle) mit kritischen Aspekten zu Lilith im Krebs und zu Chiron am aufsteigenden Mondknoten könnte die Vermutung nahelegen, dass Frau Schwarzer in der Familie (IC, Krebs, Mondknoten) einen autoritären und unterdrückenden Vater erlebt hat, gegen den sie vielleicht als Kind und später als emanzipierte Frau rebellisch protestiert hat.

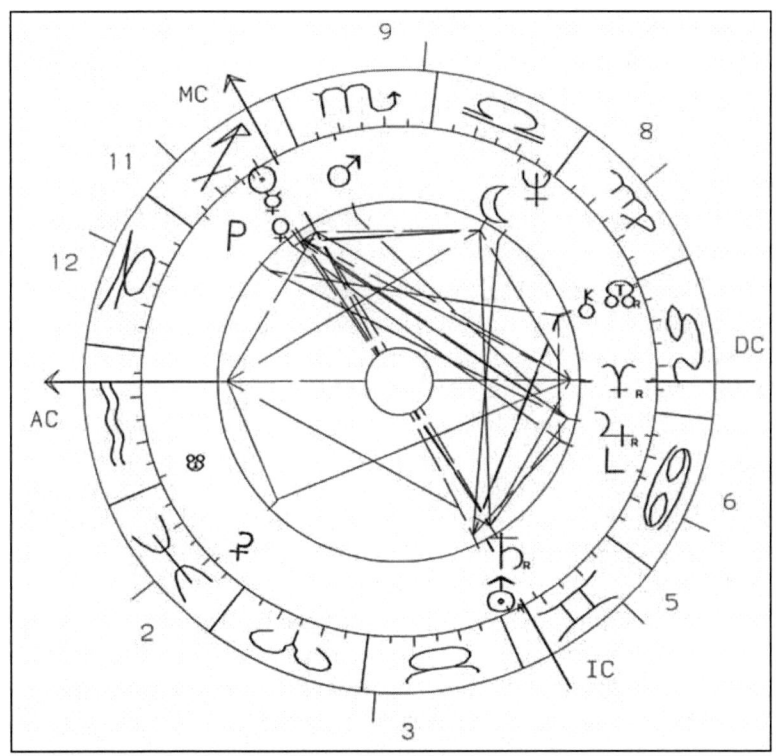

Abbildung 16: Alice Schwarzer, 3. Dezember 1942 um 12.00 Uhr in Wuppertal

Ihre in der Biographie festgehaltenen Äußerungen über einen „mütterlichen Großvater" und eine „politisch charaktervolle Großmutter", bei denen sie als uneheliches Kind aufwuchs, bezeugen aber eher eine Familiensituation, in der die Rollen vertauscht waren: Die Großmutter gab wohl den kritischen Ton (Chiron Quadrat Uranus) an und der Großvater übernahm die fürsorgliche Rolle, wie sie in der Energie-Verbindung von Mond Konjunktion Neptun (Lebensgrundeinstellung der Hilfsbereitschaft) symbolisiert ist. Stellungen an der IC/MC-Achse lassen sich, wie dieses Beispiel zeigt, nicht von vornherein eindeutig dem Vater (Großvater) oder der Mutter (Großmutter) zuordnen.

Auf jeden Fall erklären aber die Energien von Saturn und Uranus am IC mit Halbquadrat zur Lilith mitten im Krebs und Haus 6 sowie mit Quadrat zu Chiron am aufsteigenden Mondknoten, dass die Horoskopeignerin einen kritischen rebellischen Geist besitzt (Differenzierung in der Kindposition) und dass die Situation der Frauen (Krebs) ihr Thema geworden ist. Frau Schwarzer hat sich offensichtlich ihre „politisch charaktervolle Großmutter" zum Vorbild genommen.

Die Position der Lilith (Mond, Uranus, Pluto) mitten im Krebs Hausspitze 6 kann grundsätzlich zwei Bedeutungen annehmen: In der Elternrolle hätten wir es mit einer engagierten Mutter und Hausfrau (Lebensgrundeinstellung der Zielstrebigkeit) zu tun, in der Kindrolle (Differenzierung) mit einer kritischen Rebellin gegen „Mütterlichkeit". Der wassermännische Charakter der Lilith lässt grundsätzlich beide Möglichkeiten zu, denn der Wassermann-Energie kommt es nur darauf an, nicht „normal" zu sein. Frau Schwarzer hat sich wohl eindeutig für die Rebellion entschieden.

Mit der Verbindung der Energien von Saturn und Uranus im Quadrat zu Chiron kann Alice Schwarzer allerdings auch ehrgeizig und fleißig arbeiten (Chiron), wobei die Stellungen von Sonne, Merkur und Venus im Schützen und Haus 10 mit zusätzlichem Anderthalbquadrat auf Jupiter im Krebs erklären, dass sie journalistisches und verlegerisches Talent besitzt und ihre Verantwortung (Haus 10) darin sieht, für die Emanzipation der Frauen Propaganda (Jupiter, Schütze) zu machen. Darüber hinaus verleiht ihr die Stellung des Jupiters in Verbindung mit Lilith im Krebs eine große Begeisterungsfähigkeit und Motivationskraft, die durch das Halbquadrat zu Saturn/Uranus aber nicht verpufft, sondern in eine bleibende Struktur überführt wird (Lebensgrundeinstellung der Zielstrebigkeit). Das beste Beispiel dafür ist die Gründung der Zeitschrift „Emma", die auch heute noch besteht.

Die Sonne neben Merkur gibt ihrer Kommunikation Gestaltungskraft und Ausstrahlung. Durch die Konjunktion mit der Venus im Schützen steht ihr auch die politische Propaganda zur Verfügung, und die Position des Stelliums von Sonne, Merkur und Venus zwischen Haus 10 und Haus 11 verweist auf Ehrgeiz und Leistungsbereitschaft (Lebensgrundeinstellung der Zielstrebigkeit). Die geschlossene Aspektfigur mit Chiron, Uranus und Neptun vermittelt ihr darüber hinaus sogar die Fähigkeit zum Humor, wenn ihr nicht der Wassermann-AC und der Mars im Skorpion eine andere Form der Kommunikation nahelegen.

Gerade zu Anfang ihrer Karriere dürfte Schwarzer ihren Wassermann-AC (Chaoten-Rolle), mit dem sie die Öffentlichkeit zu provozieren versuchte („Wir haben abgetrieben"), besonders intensiv (Pluto) gelebt haben. Die Verbindung der Widder-Energie mit der Skorpion-Energie, wie sie die Opposition von Pluto zum AC, aber auch die Stellung von Mars im Skorpion zeigen, gaben ihren Attacken zusätzlich eine große Verbissenheit.

Die Verbindungen Mond Konjunktion Neptun in Haus 8 sowie Chiron am aufsteigenden Mondknoten mit Halbsextil zu Neptun (Lebensgrundeinstellung der Hilfsbereitschaft) lassen andererseits vermuten, dass die Horoskopeignerin durchaus der Ansicht war, mit ihrem verbissenen Kampf den Frauen einen Dienst zu erweisen. Andererseits ist Schwarzer von emanzipierten Frauen (z.B. Bascha Mika von der taz) auch dahingehend kritisiert worden, dass sie als selbsternannte „Emmama" wie ein „Macho im Rock" aufgetreten ist, was ich bei ihrer autoritären Konstellation von Uranus Konjunktion Saturn am IC für astrologisch nicht ganz unplausibel halte.

Die Konstellation von Ceres (Stier) in den Fischen auf Hausspitze 2 lässt einen geschäftstüchtigen Instinkt (Differenzierung in der Elternposition) erkennen, der mit der verbissenen Provokationslust der Horoskopeignerin (Wassermann-AC in Opposition zu Pluto) durch zwei Spannungsaspekte verbunden ist und es ihr ermöglicht hat, von ihrem rebellischen Engagement als Journalistin und Buchautorin (Sonne, Merkur und Venus in Opposition zu Saturn/Uranus) zu leben.

Die Stellungen von Pluto am DC, aber auch von Mond neben Neptun in der Waage und von Venus mitten im Schützen mit Quinkunx zur Lilith machen deutlich, dass es Frau Schwarzer bei ihrem Kampf sicher auch auf Beliebtheit angekommen ist, die sie in den Medien und bei einem großen Teil der Frauen in der Öffentlichkeit gefunden hat, zumal ihre emanzipatorischen Forderungen in vielerlei Hinsicht berechtigt waren. Allerdings hat sie gleichzeitig in ihrem Auftreten eine körperliche Attraktivität rebellisch abgelehnt (Venus Opposition Saturn/Uranus), was für Frauen der Emanzipationsbewegung nicht ganz untypisch ist.

Die Konstellationen von Priapus (Mond, Neptun, Pluto) im Schützen Hausspitze 11 (Wassermann) sowie das Trigon zwischen Uranus und Neptun zeigen eine gewisse Genialität, wie sie immer dann gegeben ist, wenn die Energien von Neptun und Uranus unmittelbar aufeinandertreffen. Alice Schwarzer hat sicher ein besonderes Talent, ihre Ideen zu verbreiten (Merkur im Schützen), aber sie war auch nicht dagegen gefeit, mit ihren Überlegungen und Argumentationen (Chiron Quadrat Uranus, Lilith Hausspitze 6) übers Ziel hinauszuschießen (Jupiter in Haus 6). Dazu gehören meiner Meinung nach solche Behauptungen von ihr, dass es zwischen Männern und Frauen (abgesehen von den biologischen) keine wesentlichen Unterschiede gebe, dass jeder die völlige Freiheit besitzen sollte, die Form seiner Sexualität (heterosexuell oder homosexuell) selbst zu bestimmen und dass Frauen in der Hausfrau- und Mutterrolle grundsätzlich nur unglücklich sein könnten, wie sie von Frau Schwarzer in dem Buch DER KLEINE UNTERSCHIED UND SEINE GROßEN FOLGEN vertreten wurden und natürlich immer wieder auch in ihrer Zeitschrift „Emma".

Die Horoskopeignerin hat sich in ihren Äußerungen inzwischen etwas gemäßigt, aber sie hat mit einer solchen einseitigen Überspitzung ihrer Thesen viel dazu beigetragen, dass sich die Frauen heute in einem ständigen Konkurrenzkampf mit den Männern sehen, was z.B. die Bedeutung der Erziehungsarbeit junger Mütter oft zu weit in den Hintergrund treten lässt. Die vielbeklagte Disziplinlosigkeit und Verwahrlosung der Jugend in Deutschland geht zum Teil auch auf das Konto einer übertriebenen Emanzipationsbewegung und damit auch auf ihr Konto.

Über den Autor

Ich habe erst sehr spät zur Astrologie gefunden. Bis zu meinem 52. Lebensjahr hielt ich sie für einen dummen Aberglauben, und ich habe mit der mir eigenen Hartnäckigkeit (Saturn im Stier) einen derart konsequenten Bogen um sie gemacht, dass ich nicht einmal wusste, wie ein Horoskop aussieht.

Zunächst wollte ich Wissenschaftler werden und Physik studieren (Jungfrau-AC mit Herrscher Chiron in Haus 11). Als mir das in der damaligen DDR verwehrt wurde, flüchtete ich 1959 in die Bundesrepublik. Inzwischen hatte ich mir in den Kopf gesetzt, klassische Musik zu studieren und Pianist zu werden (Sonne Quadrat Neptun in Jungfrau und Haus 1, dazu Mond in Haus 12 mit Trigon zur Sonne und genauem Halbsextil auf Chiron).

Da meine Begabung nicht ausreichte, besann ich mich auf eine andere Möglichkeit meiner Jungfraubetonungen und beschloss, in den Schuldienst zu gehen. Doch dabei blieb es nicht. Eine einschneidende religiöse Erfahrung führte meinen Weg in die katholische Kirche, und ich trug mich nun mit der Absicht, das Priesteramt zu ergreifen (Sonne im Schützen mit genauem Quadrat zu Neptun in Verbindung mit einschlägigen Progressionsstellungen).

Ich absolvierte mein Theologiestudium, zögerte dann aber, ins Priesterseminar zu gehen und lernte in der Jugendarbeit einer Pfarrei meine Frau kennen. Damit machte mein Lebenslauf wiederum eine Kurve. Ich verdiente jetzt mein Geld als Lehrer an einer Berufsschule mit dem Fach Religion. Dabei ist es im Großen und Ganzen geblieben, nur kamen im Laufe der Jahre noch zwei Fächer dazu (Politik und Wirtschaft), und ich wurde Beamter (Der Herrscher meines Sonnenzeichens Jupiter und außerdem Saturn und Uranus stehen im Stier).

Ehe sich mein stierhaftes Sicherheitsbedürfnis durchsetzen konnte, war mit 29 Jahren noch ein kräftiger Sturm angesagt (Saturn-Return. Die Erfahrung mit der schlechten Ausbildungssituation meiner Schüler stachelte meine latente Kampfbereitschaft für Gerechtigkeit an (Neptun an der Grenze zwischen Jungfrau und Waage im Quadrat zur Sonne. Dazu Mars im Skorpion in Opposition zu Uranus, mit Quinkunx zu Lilith im Widder in Haus 8).

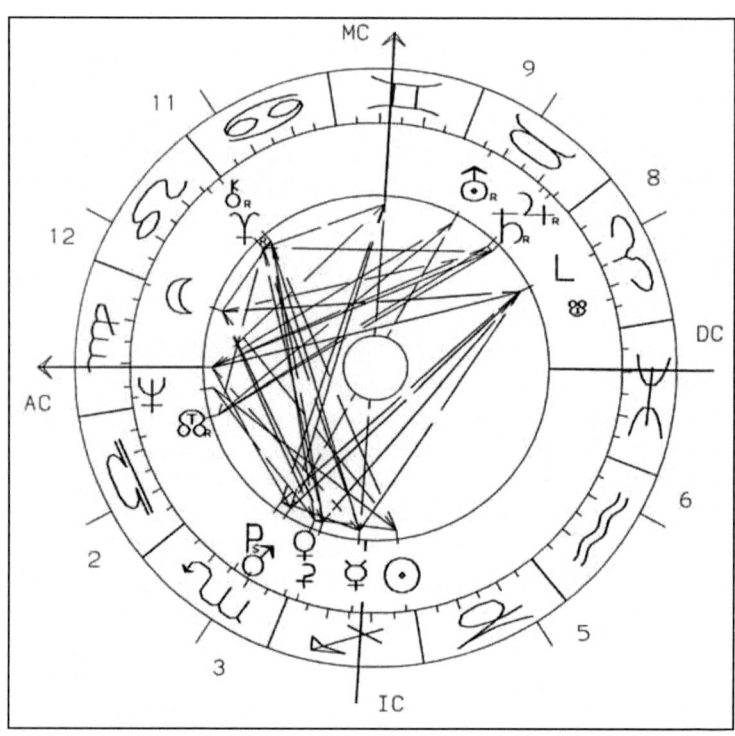

Abbildung 17: Rolf Freitag, 20. Dezember 1940 um 0.45 Uhr in Wernigerode

Zusammen mit anderen Kollegen und mit engagierten Lehrlingen demonstrierte ich leidenschaftlich für eine Verbesserung der Berufsausbildung, griff mehrere Firmen wegen ihrer Missstände in der Ausbildung öffentlich auf einem Flugblatt an (Merkur im Schützen) und hatte in den nächsten Jahren ein halbes Dutzend Prozesse vor dem Essener Landgericht zu überstehen. Mit genauer Argumentation (Jungfrau-AC mit Herrscher Chiron in Haus 11), aber auch mit viel Glück, das man ja den Schütze-Geborenen nachsagt, konnte ich dieses Abenteuer zu einem glücklichen Ende bringen

Nun forderte meine Schütze-Sonne ihr Recht, und ich widmete mich in den folgenden Jahren nach der Geburt der Kinder vor allem meiner Familie (Sonne in Haus 4). Das Schicksal - ich würde lieber sagen: die Vorsehung - wollte es, dass ich gerade an diesem Punkt noch einmal aus der Bahn geworfen werden sollte, und zwar zu einer Zeit, wo ich meinte, das Schlimmste überstanden zu haben. Als meine Frau sich nach meinem 50. Geburtstag von mir trennte (der aktuelle Pluto stand auf meinem Mars im Skorpion) brach für mich eine Welt zusammen.

Dieser härteste Umbruch in meinem Leben wirbelte alles durcheinander. Er setzte aber auch meine intuitive Nachdenklichkeit noch einmal in Gang (Neptun in der Jungfrau). Ich lernte psychologische Zusammenhänge auf neue Weise zu verstehen, kam mit modernen psychologischen Konzepten in Berührung, vor allem mit der Transaktionsanalyse, und fand schließlich zur Astrologie, die ich autodidaktisch (Jungfrau-AC) erlernte. Heute, nach fast 20 Jahren, stehe ich auf einem anderen Fundament.

Astrologisch gesehen entwickelte die Krise in der Lebensmitte besonders mein 11. Haus, das Haus der Selbstverwirklichung und Originalität (Pluto in Konjunktion mit Chiron in Haus 11). Der Kleinplanet Chiron repräsentiert nach meinen Beobachtungen die Jungfrau-Energie und ist insofern mein Geburtsherrscher. Eine Jungfrau/Wassermann-Spannung in Verbindung mit starken neptunischen Energien ist meiner Meinung nach auch eine unabdingbare Voraussetzung für ein astrologisches Interesse.

Aufgrund meiner Veranlagung bin ich gern Lehrer (Mond in Haus 12 mit Halbsextil zu Chiron und Trigon zur Sonne). Ich wünsche mir, dass ich die Erfahrungen, die ich in den letzten Jahren machen musste, an andere Menschen weitergeben kann (Merkur im Schützen, MC in den Zwillingen), und zwar an Menschen, die aufgrund ihrer Lebenserfahrung dafür offen sind. Deshalb habe ich die Schule für Psychologische Astrologie in Heiligenhaus gegründet. Angeboten wird ein Unterricht in kleinen Gruppen bis zu 3 Personen in häuslicher Atmosphäre (Sonne in Haus 4), der sich den Erwartungen meiner Klienten inhaltlich und zeitlich flexibel anpassen soll.

Dabei will ich versuchen, eine Brücke zu schlagen (aufsteigender Mondknoten in der Waage sowie Venus im Trigon zu Chiron) zwischen der Astrologie und modernen psychologischen Konzepten, vor allem zur Transaktionsanalyse. Schwerpunkt meiner Beratungstätigkeit ist die Partnerberatung und die Hilfe in Lebenskrisen. Mir ist aber auch die Verbindung zur christlichen Religion wichtig (Schütze-Sonne mit genauem Quadrat zu Neptun). Die Wahrheiten (Neptun in der Jungfrau, Mond in Haus 12 mit Halbsextil zu Chiron), für die ich bei meinen Schülern 40 Jahre lang eingestanden bin, haben sich nicht erledigt. Ich meine, dass sie durch die Astrologie auf eine neue Weise praktisch fruchtbar gemacht werden können. Es besteht gerade in den christlichen Kirchen ein Nachholbedarf an Information. Fast alle denken dort so, wie ich selbst einmal gedacht habe. Deshalb bemühe ich mich auch in kirchlichen Kreisen darum, die Vereinbarkeit der Astrologie mit dem christlichen Glauben aufzuzeigen.

Mein Lebenslauf ist also ein Beispiel dafür, wie die einzelnen Energien des Horoskops sich langsam ihr Recht suchen. Anfangs noch isoliert von anderen Persönlichkeitsanteilen, streben sie zunächst für sich allein und in übertriebener Heftigkeit nach Verwirklichung. Am Ende des Lebens schließt sich aber immer mehr der Kreis des Horoskops. Die Persönlichkeitsanteile begrenzen sich gegenseitig und finden einen Weg gemeinsamer und ausgeglichener Realisation. Dieser Weg ist nach meiner Erfahrung immer ein Weg in die Mitte und zur Verinnerlichung. Ich denke, dass das vielleicht auch Ihre Erfahrung ist.

Kontakadresse:
Schule für Psychologische Astrologie
Rolf Freitag
Bleibergstr. 1
D-42579 Heiligenhaus
Tel.: 0049 (0)2056 - 921 961
e-mail: rolf.freitag@t-online.de
www.astrologieschule-heiligenhaus.de

Nachweise zu den biografischen Angaben:

Dalai Lama: unter Verwendung des Internationalen Biographischen Archivs (Munzinger)

Johann Wolfgang von Goethe: unter Verwendung von Microsoft Encarta Enzyklopädie Professional

Herbert Grönemeyer: unter Verwendung des Internationalen Biographischen Archivs (Munzinger

Che Guevara: unter Verwendung des Internationalen Biographischen Archivs (Munzinger)

Martin Luther: nach Arnulf Zitelmann „Widerrufen kann ich nicht. Die Lebensgeschichte des Martin Luther", Weinheim, 8. Auflage 1995

Madonna: unter Verwendung des Internationalen Biographischen Archivs (Munzinger) und Wikipedia

Karl Marx: unter Verwendung von Wikipedia und Microsoft Encarta Enzyklopädie

Ulrike Meinhof: unter Verwendung von Wikipedia

Elvis Presley: unter Verwendung des Internationalen Biographischen Archivs (Munzinger) und Wikipedia

Alice Schwarzer: unter Verwendung des Internationalen Biographischen Archivs (Munzinger) und Wikipedia

Christoph Schubert-Weller

Kombination und Synthese
Die Kunst der Horoskopdeutung
144 Seiten, Paperback, zahlreiche Abbildungen
ISBN 978-3-937077-38-3

Wie lernt man, ein Horoskop zu deuten? Der gute Astrologe zeichnet sich dadurch aus, dass er beständig zwischen technischen und imaginativen Zugängen zum Horoskop hin und her schalten kann und beide Arten von Zugängen immer wieder zusammenführt.

Mona Riegger

Handbuch der Combin- und Compositdeutung
Seelische Partnerverbindungen im Horoskop
350 Seiten, Paperback, zahlreiche Abbildungen
ISBN 978-3-937077-48-2

Beide Methoden basieren auf der Erkenntnis, dass bei der ersten Begegnung die Themen, mit denen sie sich zwei Menschen im Laufe ihrer Verbindung auseinandersetzen werden, feststehen. Beim Composit werden die Halbsummen zwischen den Planeten als Grundlage verwendet. Das Combin basiert auf dem zeitlichen Mittelpunkt zweier Partner.

Rainer Janz

Der Schnellzugang zum Horoskop
über die Funktionshäuser
135 Seiten, Paperback, 70 Abbildungen
ISBN 978-3-937077-51-2

Der Autor geht davon aus, dass das jeweils dritte Haus in einem Quadranten die entscheidenden Aussagen über die Persönlichkeit gibt. Auf diese Weise kann man sehr schnell erkennen, wie wir „funktionieren".